Alexander Grasse

Im Süden viel Neues

Italienische Staats- und Verfassungsreformen am Scheideweg zwischen Modernisierung und Gefährdung der Demokratie

Alexander Grasse

IM SÜDEN VIEL NEUES

Italienische Staats- und Verfassungsreformen am
Scheideweg zwischen Modernisierung und
Gefährdung der Demokratie

ibidem-Verlag
Stuttgart

Bibliografische Information Der Deutschen Bibliothek

Die Deutsche Bibliothek verzeichnet diese Publikation in der Deutschen Nationalbibliografie; detaillierte bibliografische Daten sind im Internet über <http://dnb.ddb.de> abrufbar.

∞

Gedruckt auf alterungsbeständigem, säurefreien Papier
Printed on acid-free paper

ISBN: 3-89821-384-6

© *ibidem*-Verlag
Stuttgart 2004
Alle Rechte vorbehalten

Printed in Germany

Inhalt

1 Einleitung: Von der Relativität der „Normalität"

Italien, einer der G7-Staaten und Gründungsmitglied der Europäischen Gemein-schaft, befindet sich seit 1992 in einem äußerst schwierigen und im westeuropäi-schen Maßstab einzigartigen Umbruch seines politischen, administrativen und gesellschaftlichen Systems. Ausgangspunkt war bekanntermaßen der von der Mailänder Staatsanwaltschaft im Rahmen ihrer Aktion *„mani pulite"* („saubere Hände") aufgedeckte Korruptionsskandal, der maßgeblich zum Zusammenbruch des alten, 1948 entstandenen Parteiensystems geführt hat. Hauptereignis dabei war die Auflösung der christdemokratischen Partei Italiens, der *Democrazia Cristiana*, welche das Land unter Zustimmung weiter Bevölkerungsteile über 40 Jahre lang allein oder mit wechselnden kleineren Bündnispartnern, nämlich So-zialisten (PSI), Liberalen (PLI), konservativen Sozialdemokraten (PSDI) und Republikanern (PRI), regiert hatte. Auch diese Parteien, allen voran die Soziali-sten des *Partito Socialista Italiano* als zweitwichtigste Kraft des Regierungsla-gers, lösten sich entweder auf oder führen heute als Neugründungen ein küm-merliches Schattendasein. Angesichts des Ausmaßes der offengelegten Ver-flechtung von Politik, Wirtschaft und kriminellen Machenschaften sprach man rasch von *tangentopoli*, dem „Schmiergeldstaat" – ein Begriff, der zum Syn-onym für die sogenannte „erste Republik" wurde.[1] Diese war geprägt von diver-sen Anomalien im Vergleich zu anderen westlichen Demokratien, insbesondere einer extremen Parteienzersplitterung und dem Fehlen eines Wechsels von Re-

---

[1] In der Fülle der Literatur zur sogenannten „ersten Republik" und deren Ende sowie zur Ent-wicklung des Transformationsprozesses bis Ende der 1990er Jahre vgl. u.a.: Michael Braun: Italiens politische Zukunft, Frankfurt am Main 1994; Werner Raith: Der Korruptionsschock. Demokratie zwischen Auflösung und Erneuerung: Das Beispiel Italien, Reinbek 1994; Va-leska von Roques: Die Stunde der Leoparden, Wien/München 1994; Luigi Vittorio Ferra-ris/Günter Trautmann/Hartmut Ullrich (Hg.): Italien auf dem Weg zur „Zweiten Republik"?, Frankfurt am Main/Bern 1995; Mario G. Losano: Sonne in der Tasche. Italienische Politik seit 1992, München 1995; Jens Petersen: Quo vadis, Italia? Ein Staat in der Krise, München 1995; Norberto Bobbio: Tra due repubbliche. Alle origini della democrazia italiana, Roma 1996; Martin Bull/Martin Rhodes (Hg.): Crisis and Transition in Italian Politics, *West Euro-pean Politics*, Special Issue, Vol. 20, No. 1/1997 (Januar); Michael Orlandini: Transforma-tion der Demokratie in Italien?, Frankfurt am Main et al. 2001; Lothar Knapp/Ingeborg Tömmel (Hg.): Italien an der Wende zum 21. Jahrhundert. Politik – Wirtschaft – Kultur, Osnabrück 2001. Zur allgemeinen Einführung in das politische, ökonomische und soziale System Italiens in deutscher Sprache siehe Helmut Drüke: Italien. Wirtschaft – Gesellschaft – Politik, Opladen 2000.

gierungs- und Oppositionsrolle, weshalb Italien als „blockierte Demokratie"
galt. Die Parteien hatten sich infolgedessen nicht nur des Staates und seiner Institutionen vollends bemächtigen können, sondern auch eine weitgehende Kontrolle über die – in hohem Maße durch Staatsbeteiligungen geprägte – Wirtschaft sowie über weite Teile des sozialen Lebens in Italien erlangt. Im Jahr
1991, kurz vor Aufdeckung von *tangentopoli*, war es im Zuge der durch den Fall
der Berliner Mauer ausgelösten geopolitischen Veränderungen bereits zur Transformation der bis dahin stärksten kommunistischen Partei Europas, dem PCI
(*Partito Comunista Italiano*), zur „Partei der Demokratischen Linken", PDS
(*Partito Democratico della Sinistra*), gekommen.[2] Wenig später, im Jahr 1995,
vollzog die neofaschistische Partei des MSI-DN (*Movimento Sociale Italiano –
Destra Nazionale*) ihre demokratische Wende hin zur *Alleanza Nazionale* (Nationale Allianz) und trat damit als rechtskonservative Partei ebenfalls in den
„Verfassungsbogen" ein.[3] Rasch erschienen mehrere neue Parteien, wie Berlusconis *Forza Italia*, auf der politischen Bühne Italiens und verliehen dem italienischen Parteiensystem ein vollkommen neues Gesicht. An diesen Prozeß des
Wandels im politischen System Italiens, der trotz mancher personeller Kontinuität als Reinigung und Neubeginn von Demokratie, Politik und Gesellschaft
erlebt wurde und als Beginn der „zweiten Republik" gilt, wurden große Hoffnungen geknüpft.

Diese Hoffnungen haben sich jedoch nur zum Teil erfüllt. Denn trotz mehr
als zehnjähriger Reformen bzw. Reformbemühungen ist man auf dem Apennin
noch immer weit entfernt von dem selbst gesteckten Ziel, ein „normales Land"

---

[2] Der Wandel in eine sozialdemokratische Partei ging allerdings mit einer Spaltung einher.
Eine Gruppe unter Armando Cossuta und Fausto Bertinotti formierte sich unter dem Namen
PRC (*Partito Rifondazione Comunista*) neu und trat damit die ideologische Nachfolge des
PCI als Vertretung der Arbeiterklasse an. Die Partei kann heute zwischen 5 und 8% der
Wähler auf sich vereinigen. Im Jahr 1998, als der PRC die Regierung Prodi zu Fall bringen
wollte, spaltete sich aus Protest dagegen wiederum eine kleinere Gruppe vom PRC ab, die
seither als „Partei der italienischen Kommunisten", PdCI (*Partito dei Comunisti Italiani*),
firmiert und Bestandteil des „Mitte-Links-Bündnisses" unter dem Namen *Ulivo* (Oliven-
baum) ist. Im März 1998 erfolgte durch die Fusion mit verschiedenen kleineren Links-
Parteien außerdem eine Umbenennung des PDS in DS (*Democratici di Sinistra*), also
„Linksdemokraten".
[3] Auch dieser Prozeß war von einer Abspaltung begleitet, denn die Altfaschisten gingen Gianfranco Finis Weg der Transformation in eine demokratische Partei nicht mit und sammelten
sich um Pino Rauti in der Gruppierung MSI-*Fiamma Tricolore*.

innerhalb Europas zu werden.[4] Statt dessen scheint Italien vielmehr seinen Status als „ganz normaler Sonderfall"[5] zementieren zu wollen. Die internationale Öffentlichkeit hat hiervon allerdings erst mit der italienischen EU-Ratspräsidentschaft im zweiten Halbjahr 2003 wirklich Kenntnis genommen, als „der Fall Berlusconi" in aller Munde war und die Frage nach der Gefährdung der italienischen Demokratie seither nicht länger nur in Italien gestellt wird.[6] Tatsächlich findet sich in Italien mit der Übernahme der Macht durch die Regierung Berlusconi II eine für westliche Demokratien beispiellose Verquickung von Politik, Medien(über)macht und ökonomischen Interessen, die alle Grundregeln der Demokratie verletzt.[7]

Der Charakter des „Sonderfalles" Italien hat sich allerdings grundlegend verändert. Denn das noch immer weithin von Italien gezeichnete Bild der Reformunfähigkeit entspricht in großen Teilen nicht mehr den Tatsachen. Von Stillstand bzw. „Blockade" kann, wie im folgenden aufgezeigt werden soll, trotz

---

[4] Für eine Bestandsaufnahme der gegenwärtigen Situation von Politik und Gesellschaft Italiens vgl. in deutscher Sprache u.a. den Sammelband von Bernd Rill (Hg.): Italien im Aufbruch – eine Zwischenbilanz, München 2003.

[5] Vgl. Friederike Hausmann: Italien: Der ganz normale Sonderfall, in: Susanne Schüssler (Hg.): Berlusconis Italien – Italien gegen Berlusconi, Berlin 2003, S. 8-33.

[6] Dies ist jedoch nicht ohne Pikanterie, haben doch gerade konservative Kräfte, etwa die CDU Deutschlands, *Forza Italia* auf europäischer Ebene erst zur Aufnahme in die Europäische Volkspartei (EVP) verholfen und mehrfach ihre politische Nähe zu Berlusconi unterstrichen. So schrieb etwa die Parteivorsitzende der CDU, Angela Merkel, nach dessen gewonnener Parlamentswahl 2001 in einem Glückwunschtelegramm: „Ihre konstruktive Mitarbeit in der EVP-Fraktion des Europäischen Parlaments und der Europäischen Volkspartei belegen, dass *Forza Italia* und die CDU in der Europapolitik gleiche Ziele verfolgen" (Pressemitteilung 088/01 der CDU vom 15. Mai 2001). Im Jahr 2000 soll es eine politische Absprache gegeben haben, wonach die CDU bei Kommunalwahlen hinsichtlich einer Mobilisierung der in Deutschland lebenden Italiener/innen auf die Unterstützung von *Forza Italia* vertrauen durfte, wenn im Gegenzug die CDU innerhalb der EVP für mehr Akzeptanz von Berlusconis *Forza Italia* sorgen würde (vgl. *Der Spiegel* vom 16. Oktober 2001).

[7] Die Zahl der (wissenschaftlichen) Publikationen zum „Phänomen Berlusconi" ist inzwischen immens, vgl. exemplarisch: Jens Renner: Der Fall Berlusconi. Rechte Politik und Mediendiktatur, Göttingen 1994; Andrea Wolf: Telekratie oder Tele Morgana? Politik und Fernsehen in Italien, Frankfurt/Main et al. 1997; Marco Travaglio/Elio Veltri: L'odore dei soldi. Origini e misteri delle fortune di Silvio Berlusconi, Roma 2001; Tina Schöpfer: Politische Show in Italien: Die Selbstdarsteller Umberto Bossi und Silvio Berlusconi. Eine vergleichende Analyse, Stuttgart 2002; René Scheu/Massimo Pillera (Hg.): Über Berlusconi. Italienische Intellektuelle und Politiker im Gespräch, Wien 2003; Susanne Schüssler (Hg.): Berlusconis Italien – Italien gegen Berlusconi, Berlin 2003.

zahlreicher Kontinuitäten im politischen und gesellschaftlichen System, schon seit geraumer Zeit nicht mehr die Rede sein. Das bezieht sich nicht nur auf die Politik der Regierung Berlusconi, die mit zahlreichen – guten – Traditionen bricht (etwa in der Außen- und Europapolitik), sondern auf eine Vielzahl von Reformprojekten, die bereits 1996 unter der ersten Mitte-Links-Regierung in der Geschichte der italienischen Republik angestoßen wurden. Einige davon können als unumkehrbar gelten, wie etwa die große Verwaltungsreform durch die „Bassanini-Gesetze", der Kurswechsel in der Regionalpolitik oder die Transformation Italiens vom regionalisierten Einheits- zum unitarischen Bundesstaat.[8] Weitere, weitaus umstrittenere Reformen in zentralen gesellschaftlichen Bereichen, wie dem Rentensystem, dem Bildungswesen und dem Arbeitsmarkt, sind entweder bereits erfolgt oder in der Umsetzung begriffen, begleitet von Generalstreiks und anderen Massenprotesten.[9] Auch die Novellierung des Art. 51 der italienischen Verfassung durch das Verfassungsgesetz vom 30. Mai 2003, wodurch der Staat verpflichtet wird, die Gleichstellung der Geschlechter im politischen und gesellschaftlichen Leben durch geeignete Maßnahmen aktiv zu fördern, darf nicht unerwähnt bleiben. Jenseits der fortwährenden Wiederkehr des Immergleichen in wechselndem Gewand gibt es also durchaus: im Süden viel Neues!

Dabei hat die politische Situation im Vergleich zur sogenannten „ersten Republik" nichts an Komplexität eingebüßt. Im Gegenteil: Trotz der augenfälligen Polarisierung zwischen Mitte-Rechts und Mitte-Links infolge der Änderung des Wahlsystems vom reinen Verhältniswahlrecht zum Mehrheitswahlrecht mit proportionaler Komponente (ausgelöst durch die Volksabstimmung von 1993), sind die „italienischen Verhältnisse" eher noch komplizierter geworden als noch zu Zeiten der „blockierten Demokratie". Die vorliegende Studie versucht, einige

---

[8] Vgl. zur föderalen Staatsreform Italiens ausführlich Raffaele Bifulco: Le Regioni. La via italiana al federalismo, Bologna 2004 sowie Alexander Grasse: Italien – Ein Bundesstaat in der Entstehung oder: Föderalisierung als Modernisierungspolitik, in: Michael Piazolo/Jürgen Weber (Hg.): Föderalismus – Leitbild für die Europäische Union?, München 2004, S. 200-249 und ferner Alexander Grasse: Die „dritte Ebene" im Transformationsprozeß – regionale „Außenkompetenz" und Föderalisierung in Italien, in: Xuewu Gu (Hg.): Grenzüberschreitende Zusammenarbeit zwischen den Regionen in Europa, Baden-Baden 2002, S. 143-197.

[9] Vgl. hierzu u.a. AA.VV.: L'Italia flessibile. Economia, costi sociali, diritti di cittadinanza, Roma 2003.

der neueren gesellschaftlichen, vor allem aber der politischen und institutionellen Entwicklungen aufzuzeigen, dabei der Frage von Kontinuität und Wandel
des politischen Systems Italiens nachzugehen und die jeweiligen Ursachen für
Stillstand und Veränderung aufzuzeigen. Die zentralen Themen des italienischen
Transformationsprozesses sind insgesamt vier: Parlamentsreform, Staatsreform,
Reform des Wahlrechtes und Justizreform. Den drei erstgenannten Fragen soll
in diesem Buch besondere Aufmerksamkeit gewidmet werden. Am Ende steht
der Versuch einer Antwort auf die Frage, in welchem Zustand bzw. in welchem
Stadium sich das politische System Italiens derzeit befindet. Dabei wird die
These vertreten, daß Italien mit den derzeit geplanten Staats- und Verfassungsre-
formen auf einem schmalen Grat zwischen wirklicher Modernisierung seiner
Demokratie einerseits und ihrer dauerhaften Gefährdung andererseits wandelt.
Genau dieses Spannungsverhältnis (zwischen Modernisierung und Gefährdung)
soll im folgenden systematisch herausgearbeitet und kritisch beleuchtet werden.
Hierzu ist es jedoch zunächst notwendig, die bereits eingetretenen Veränderungen im politischen und gesellschaftlichen System Italiens in der sogenannten
zweiten Republik zu untersuchen und die weiterhin bestehenden bzw. neu entstandenen Probleme zu analysieren. Das geschieht in den folgenden Kapiteln 2
und 3, welche zunächst Parteiensystem und Wahlrecht beleuchten und dann auf
den Wandel im Verhältnis von Politik und Raum eingehen. Erst vor diesem
Hintergrund, nämlich der Triade aus Politik, Raum und Demokratie, lassen sich,
unter Hinzuziehung des aktuellen politisch-gesellschaftlichen Klimas in Italien
in Kapitel 5, die geplanten Verfassungsreformen hinreichend erfassen und letztlich angemessen beurteilen. Dies soll in Kapitel 6 geschehen.

2 Die Entwicklung des italienischen Parteiensystems in der „zweiten Republik"

Wesentliches Kennzeichen des politischen Systems Italiens ist in der gegenwärtigen Entwicklungsetappe der sogenannte *bipolarismo imperfetto*, d.h. ein unvollkommenes bzw. gemäßigtes Mehrheitssystem zweier großer Parteienbündnisse von Mitte-Rechts und Mitte-Links. Der Übergang vom reinen Verhältniswahlrecht der ersten Republik zu einem abgeschwächten Mehrheitswahlrecht[10] – beide Kammern (Abgeordnetenhaus und Senat) werden zu 75% nach dem Mehrheitssystem gewählt, die verbleibenden 25% proportional auf all jene Parteien verteilt, welche die 4%-Hürde überspringen – hat entgegen der ursprünglichen Absicht der Reform nicht zur Formation eines funktionierenden, klaren und stabilen Zweiparteiensystems geführt.[11] Ursache ist das zu beobachtende, einzigartige italienische Phänomen der „Proportionalisierung des Mehrheitswahlrechtes".[12] Proportionalisierung des Mehrheitswahlrechtes bedeutet, daß eine Aufteilung der Wahlkreise zwischen den sich in einer gemeinsamen Wahlliste vereinigenden Parteien erfolgt, je nach Kräfteverhältnissen und Wahlchancen der einzelnen Parteien und Kandidaten in den verschiedenen geographischen Gebieten.[13] Tatsächlich ist nicht die Proporzkomponente primäre Ursache für

---

[10] Ausgelöst durch das „abrogative Referendum" vom 18. April 1993 den Senat betreffend.

[11] Vgl. zur Entwicklung der Parteienlandschaft ausführlich: Elisabeth Fix: Italiens Parteiensystem im Wandel: von der ersten zur zweiten Republik, Frankfurt/Main 1999 sowie Marcus Waldmann: Das Parteiensystem Italiens. Vom Untergang der Democrazia Cristiana zur zweiten Regierung Berlusconis, Berlin 2004.

[12] Vgl. näher Peter Weber: Die neue Ära der italienischen Mehrheitsdemokratie: Fragliche Stabilität bei fortdauernder Parteienzersplitterung, in: *Zeitschrift für Parlamentsfragen*, No. 1/1997, S. 85-115.

[13] Dabei verursacht die Kandidatenauswahl nicht nur erhebliche innerkoalitionäre Konflikte, sondern auch innerparteiliche Spannungen. Aufgrund der schwierigen Herstellung politischer Kräfteparallelogramme erfolgt die Kandidatenauswahl meist auf höchster Ebene, d.h. die Kandidaten werden überwiegend „von oben", in den Parteizentralen in Rom, bestimmt. An der politischen Basis führt diese Zentralisierung jedoch mitunter zu Verdruß und Widerstand, so daß auch zwischen Zentrum und Peripherie innerhalb ein und derselben Koalition bzw. Partei erhebliche Probleme entstehen. Vor allem gehen die Konzepte der Parteistrategen in Rom vielfach nicht auf. Rücksichtnahmen auf kleinere Bündnispartner erweisen sich bisweilen als fatal, wie etwa im Falle der Regionalwahlen der Region Friuli-Venezia Giulia im Juni 2003, als die Kandidatin der *Lega Nord*, Alessandra Guerra, obschon wenig aussichtsreich, aufgrund von politischen Gleichgewichtsproblemen der Mitte-Rechts-Koalition gegen den *Ulivo*-Kandidaten Riccardo Illy antrat und prompt verlor – in

den „unvollendeten Bipolarismus", denn wegen der 4%-Klausel gelingt es den kleineren Parteien kaum, hier Parlamentssitze zu erringen.[14] Vielmehr ist die Proportionalisierung in den Einerwahlkreisen entscheidend, denn hierdurch gewinnen zwischen 19 und 24 Parteien Sitze im italienischen Parlament. Da es auf nationaler Ebene nur einen Wahlgang gibt, sind die größten Parteien auf der Rechten bzw. Linken, *Forza Italia* (FI) und *Democratici di Sinistra* (DS), um tatsächlich Siegchancen bei den Wahlen zu haben, auf die Herstellung möglichst breiter Bündnisse angewiesen und deswegen zu zahlreichen Absprachen mit den kleinen und kleinsten Parteien über die Wahlkreiskandidaturen gezwungen. Das wiederum ist folgenschwer für die siegreiche Koalition, denn eine kohärente Regierungspolitik wird hierdurch, weil zahlreiche Sonderinteressen zu berücksichtigen sind und durch immer neue Kompromisse austariert werden müssen, erheblich erschwert, zum Teil sogar unmöglich. Beispielsweise waren an den vier Mitte-Links-Regierungen im Zeichen des *Ulivo* („Ölbaum") in der Legislaturperiode 1996-2001 bis zu neun Parteien beteiligt.[15] Die Schwierigkeiten und das endgültige Scheitern der 30 Monate währenden Regierung Prodi (1996-1998),

---

einer Region, die sich politisch seit Jahrzehnten in der Hand von Mitte-Rechts befindet; vgl. hierzu auch Francesca Gelli: I malintesi della costruzione di un „modello Illy" e della sua riproducibilità, in: *Foedus: Culture, Economie e Territori*, No. 7/2003, S. 87-103. Dieses System der starken Zentralisierung der Kandidatenauswahl neutralisiert in Italien auch einen möglichen Vorteil von Mehrheitssystemen, nämlich die größere Bindung zwischen Politikern und Wahlvolk. In Udine wurde der amtierende Bürgermeister bei den Kommunalwahlen 2003 aus den oben genannten Gründen nicht länger von der Mitte-Rechts-Koalition unterstützt, worauf dieser just für die Gegenseite kandidierte und erfolgreich war. Dies zeigt, daß die Peripherien immer weniger geneigt sind, das parteipolitische Diktat aus Rom zu akzeptieren. Die Proporzkomponente spielt bei all dem eine wichtige Rolle. Selbst wenn von den kleineren Parteien wegen der 4%-Hürde auf diesem Wege kaum Sitze errungen werden, hilft sie doch, die Kräftekonstellationen zwischen den Parteien zu bestimmen. Gleiches gilt für die Regional- und Kommunalwahlen, welche ebenfalls nach einem abgeschwächten Mehrheitssystem entschieden werden. Hinzu kommen die Europawahlen, die noch immer nach dem reinen Verhältniswahlrecht durchgeführt werden und ebenfalls den Parteien zur Positionsbestimmung dienen. So ist nicht nur das politische Überleben der kleinen Parteien gesichert. Von dieser Basis aus können sie auch entsprechende Ansprüche auf Vertretung und Mitbestimmung an der nationalen Politik anmelden.

[14] Bei den Wahlen 2001 gewannen insgesamt nur fünf Wahllisten in der Abgeordnetenkammer über die Proporzkomponente des Wahlsystems auch tatsächlich Sitze.

[15] Vgl. zur dominanten Rolle der Parteien im italienischen Transformationsprozeß und zu den institutionellen Schwächen des politischen Systems als Ursache der Blockadesituationen: Sergio Fabbrini/Mark Gilbert: When Cartels Fail: The Role of the Political Class in the Italian Democratic Transition, in: *Government and Opposition*, Jg. 35, No. 1/2000, S. 27-48.

welche gleichwohl zahlreiche Reformen erfolgreich in Angriff nahm und Italien in die Europäische Wirtschafts- und Währungsunion führte, resultierten maßgeblich daraus, daß die Kommunisten von *Rifondazione* zwar am Wahlbündnis beteiligt waren, nicht aber Mitglied der späteren Regierungskoalition wurden.[16] Gewonnen wurden die Wahlen 1996 aber auch deshalb vom Mitte-Links-Bündnis, weil die *Lega Nord* nach dem Bruch mit Berlusconi Ende 1994 nicht mehr innerhalb des Mitte-Rechts-Bündnisses antrat und dadurch vielerorts ein *Ulivo*-Kandidat den Wahlkreis für sich entscheiden konnte. Der Erfolg Silvio Berlusconis bei den Parlamentswahlen 2001 ist wiederum u.a. auf den Umstand zurückzuführen, daß zu diesem Zeitpunkt wieder alle Mitte-Rechts-Parteien in das Wahlbündnis *Casa delle libertà* („Haus der Freiheiten") integriert werden konnten, also auch die *Lega Nord* – in manchen Wahlkreisen kam es sogar zu einer Allianz mit der extremen Rechten von MSI-*Fiamma Tricolore* –, während das Mitte-Links-Bündnis es nicht geschafft hatte, Antonio Di Pietros *Italia dei Valori* und Fausto Bertinottis *Rifondazione Comunista* mit ins Boot zu holen.

Anstatt die kleinen Parteien zu schwächen, hat das neue Wahlsystem diese also noch gestärkt, denn jede noch so unbedeutende Gruppierung kann zum Zünglein an der Waage werden bei der Entscheidung über Sieg oder Niederlage. Läßt man diese bei den Wahlen alleine marschieren, fehlen im bestehenden Mehrheitssystem möglicherweise wichtige Stimmen, welche die gegnerische, stärker integrierende Koalition wiederum gewinnen lassen. Auch kann das Ausscheren einer Partei aus einem erfolgreichen Wahlbündnis nach den Wahlen den unmittelbaren Machtverlust des Bündnisses bedeuten, da Parlamentsmehrheiten aufgrund enger Mehrheitsverhältnisse rasch verloren gehen. Von diesem Drohpotential machen die kleinen Parteien in der Tat weidlich Gebrauch. Insofern ist das heutige italienische System auch weiterhin durch zahlreiche Tauschgeschäfte zwischen den Parteien geprägt, die bereits das politische System von 1948-1992 gekennzeichnet hatten, wobei der Tauschhandel nun allerdings fast ausschließlich innerkoalitionär stattfindet, während die ehedem üblichen Tauschgeschäfte zwischen Regierung und Opposition im Sinne des *consociativismo* dagegen ein Ende gefunden haben. Trotzdem führt dies dazu, daß viele

---

[16] Vgl. hierzu näher Günter Trautmann: Italiens Finanz- und Wirtschaftspolitik im Hinblick auf die Europäische Währungsunion, in: *Aus Politik und Zeitgeschichte*, B 28/1998, S. 16-26.

Reformen in ihrer Substanz aufgeweicht werden und in der Wahrnehmung des Wahlvolkes bis zur Unkenntlichkeit verkümmern.

Das italienische Parteiensystem selbst hat sich auch zwölf Jahre nach der Aufdeckung des Schmiergeldskandals *tangentopoli* und dem Ende der alten Parteien-Nomenklatura noch immer nicht konsolidiert. Es ist heute nicht weniger fragmentiert als noch zu Zeiten der ersten Republik. Die Änderung des Wahlsystems brachte keine signifikante Reduzierung der Parteien. Im Gegenteil: Während in der ersten Republik unter dem damals geltenden Verhältniswahlrecht im Jahr 1987 14 Parteien mit einem Anteil von mehr als 0,5% der Wählerstimmen existierten, waren es in der ersten Phase der zweiten Republik unter den Bedingungen des Mehrheitswahlrechtes mit proportionaler Komponente im Jahr 1994 14, im Jahr 1996 11 und bei den letzten Parlamentswahlen im Jahr 2001 erneut 14.[17] Das gleiche gilt für die Fraktionen im italienischen Parlament – auch hier ist nicht weniger „Vielfalt" als noch in Zeiten der ersten Republik festzustellen. In beiden Häusern gibt es derzeit jeweils acht (Abgeordnetenkammer) bzw. neun (Senat) Fraktionen, in denen zum Teil wiederum zahlreiche weitere Parteien repräsentiert sind, so daß das Interessenspektrum innerhalb der Fraktionen extrem breit gefächert ist. Hinzu kommen permanente Übertritte einzelner Parlamentarier von einer Fraktion in die andere, auch über die Grenzen der beiden großen Lager Mitte-Rechts und Mitte-Links hinweg.[18] Die sogenannte „zweite Republik" ist geprägt von Neugründungen, Abspaltungen, Transformationen und Fusionen. Als letzte bedeutende Formation entstand im Jahr 2001 (nach den vom Mitte-Links-Bündnis *Ulivo* verlorenen Parlamentswahlen) aus den Parteien PPI (*Partito Popolare Italiano*), *Rinnovamento Italiano, Democratici* und Teilen von UdEUR die Partei der *Margherita* („Margerite"). Als reformistisch orientierte Kraft hat sie in gewisser Weise das Erbe der laizistischen und zum erheblichen Teil auch der katholischen Mitte-Links-Strömungen angetreten und macht nun den Linksdemokraten DS (*Democratici di Sinistra*) in

---

[17] Vgl. Stefano Bartolini/Alessandro Chiaramonte/Roberto D'Alimonte: The Italian Party System between Parties and Coalitions, in: *West European Politics*, Jg. 27, No. 1/2004, S. 1-19.

[18] So sind bspw. mehrere Parlamentarier von *Forza Italia* zu UdEUR gewechselt.

vielen Gebieten Italiens ernsthafte Konkurrenz im Kampf um die Rolle als stärkste politische Kraft des Mitte-Links-Spektrums.[19]

Italiens Parteiensystem ist heute klar zweigleisig organisiert: zwischen Koalitionen einerseits und Parteien andererseits. Die Koalitionen haben die Parteien nicht eliminieren können und im Zweifelsfalle obsiegt die Parteiraison stets über die Koalitionstreue, auch wenn die Koalitionen inzwischen mehr als reine Wahlvereine sind. Dabei ist der *Ulivo* im Sinne der Schaffung einer gemeinsamen politischen Plattform als Projekt insgesamt ambitionierter, zugleich aber auch nochmals fragmentierter als das Mitte-Rechts-Bündnis *Casa delle Libertà*. Unter den gegenwärtigen Bedingungen des Wahlrechtes ist auf absehbare Zeit aber weder auf der Rechten noch auf der Linken mit der Formierung in einer großen, einheitlichen Partei zu rechnen. Parteien und Koalitionen werden folglich weiterhin parallel nebeneinander existieren. Daß bislang der instrumentelle Charakter der Koalitionen überwiegt, zeigen die vorhandenen Schwächen bei der Formulierung gemeinsamer politischer Programme wie auch die Tatsache, daß immer dann, wenn ein Wahlbündnis nicht unbedingt notwendig ist, wie z.B. bei den Europawahlen im Juni 2004, die nach dem Verhältniswahlrecht durchgeführt werden, die Parteien des Mitte-Rechts-Lagers getrennt an den Start gehen, um ihre politischen Standorte im Sinne ihres aktuellen Marktwertes zu bestimmen. Die wegen des Wahlkampfes notwendige Profilierung geht dabei eindeutig auf Kosten der Regierungsarbeit, beschwört sie doch zusätzliche Konflikte innerhalb der Koalition herauf. Daß die politische Konfiguration Italiens

---

[19] Trotz dieses gelungenen Experiments der Fusion ist die Zersplitterung im Mitte-Links-Lager nach wie vor beträchtlich und eine große linke Einheitspartei ist, trotz der voraussichtlichen Kandidatur Romano Prodis bei den nächsten Parlamentswahlen, die regulär im Jahr 2006 stattfinden müßten, im Moment nicht in Sicht. In keinem Falle aber können DS und *Margherita* bereits davon ausgehen, jeweils diejenige politische Kraft zu sein, welche das Mitte-Links-Spektrum eint und ihm eine neue, übergeordnete Struktur gibt, die nicht eine einheitliche Partei sein muß, aber doch mehr als ein einfaches Wahlbündnis, denn beide erreichen alleine jeweils keine 20% Zuspruch in der Bevölkerung. Im europäischen Vergleich reicht ein solcher Stimmenanteil nirgendwo aus, um als hegemoniale Kraft im Mitte-Links-Spektrum eine Führungsrolle übernehmen zu können. Ob die Frage der Nachfolge der alten Christdemokratie (*Democrazia Cristiana*) mit der Formation der *Margherita* endgültig beantwortet ist, ist ebenfalls nicht sicher. Denn die katholischen Zentristen haben das Projekt einer Sammlung ihrer in beiden großen Lagern versprengten Mitglieder nicht aufgegeben, und der dauerhafte Verbleib der UDC in Berlusconis *Casa delle Libertà* ist nicht

noch nicht wirklich stabil ist, hängt aber auch mit der relativ hohen Volatilität der Wähler zusammen, gerade im Nordwesten und insbesondere in Süditalien, dem von jeher politisch umkämpftesten Gebiet. Überdies impliziert der *bipolarismo imperfetto*, daß insbesondere vor Wahlen die Versuchung von Parteien bzw. einzelnen führenden Politikern der politischen Mitte groß ist, von einem in das andere Lager überzuwechseln, wenn aufgrund demoskopischer Untersuchungen absehbar ist, daß das bisherige Lager bei den Wahlen als Verlierer dastehen dürfte. Die politische Instabilität in der Mitte ist dabei eine nicht zu vernachlässigende Größe. Wie für bipolare Systeme typisch, ist das politische Zentrum Kern des Parteienwettbewerbs um die Wählergunst. Zugleich müssen die Parteien aufgrund der besonderen Situation des proportionalisierten Mehrheitssystems in Italien aber auch bemüht sein, die politischen Ränder abzudecken und möglichst viele Parteien in einen der Pole einzubeziehen. Das kommt in gewisser Weise dem Versuch einer Quadratur des Kreises gleich, denn die „ideologische Distanz" im gesamten Parteienspektrum, d.h. die programmatischen und weltanschaulichen Differenzen zwischen den Parteien von ganz Rechts bis ganz Links sind nur wenig geringer geworden als noch in der ersten Republik.

Die politische Kultur Italiens, die sich von jeher durch Interessenpartikularismus und innerparteiliche Flügelkämpfe auszeichnet, selbst innerhalb der kleinsten Parteien, welche wiederum von einzelnen mehr oder weniger starken Persönlichkeiten repräsentiert werden, die in der Lage sind, eine für eine Neuformation als eigenständige Partei ausreichende Gefolgschaft hinter sich zu bringen, stand der Durchsetzung eines authentischen Mehrheitssystems von Anfang an im Wege. Dabei haben die auf allen politischen Ebenen, d.h. Kommunen, Provinzen, Regionen und Nationalstaat, zwischen 1993 und 1999 geschaffenen Mehrheitswahlsysteme (mit proportionaler Komponente) die ohnehin bereits vorhandene Tendenz zur Personalisierung weiter forciert. Diese Entwicklung kam den Bedürfnissen der – elektronischen – Medien entgegen, welche den Trend durch eine entsprechende journalistische Herangehensweise noch verstärkten. Die italienische Parteienlandschaft ist dementsprechend geprägt von personalisierten kleineren Parteien und Clans, bisweilen auch eher skurriler

---

als selbstverständlich vorauszusetzen. Allerdings ist es unwahrscheinlich, daß sich bei Beibehaltung des gegenwärtigen Wahlsystems eine große Zentrumskraft entwickeln kann.

Art.[20] Änderungen in der politischen Kultur hat die Reform des Wahlrechtes auch insofern nicht gebracht, als die Parteien kaum weniger selbstreferentiell agieren als noch in der ersten Republik. Machtfragen dominieren allenthalben Sachfragen, so daß der in der Aufbruchstimmung Mitte der 1990er Jahre begonnene Umgestaltungsprozeß rasch wieder an Fahrt verlor.

Der Versuch, ein Mehrheitssystem in eine Proporz-Kultur einzuführen, ist allenfalls bedingt erfolgreich gewesen. Zwar ist das System heute makropolitisch eindeutig bipolar – bei den letzten Parlamentswahlen 2001 wurden 97,6% der Sitze von einer der beiden großen Koalitionen gewonnen[21] –, aber eben nicht mikropolitisch, d.h. auf Ebene der Parteien. Dennoch ist eine schrittweise Konsolidierung des neuen Systems unverkennbar. Einen dritten Pol, eine dritte Kraft, gibt es im politischen System Italiens heute faktisch nicht mehr, nachdem die *Lega Nord* 1994 diese Rolle zunächst noch in Ansätzen ausfüllen konnte, in den Folgejahren aber einen massiven Wählerschwund hinnehmen mußte.[22] Die bipolare Gesamtstruktur hatte aus den genannten Gründen bis zum Jahr 2001 jedoch keine signifikant größere Regierungsstabilität zur Folge, denn noch immer gab es für zu viele Akteure zu viele Veto-Möglichkeiten.

Größere Stabilität ist erst mit dem Sieg der Regierung Berlusconi II im Jahre 2001 eingekehrt. Die parlamentarische Mehrheit des Mitte-Rechts-Bündnisses ist die größte in der Geschichte der italienischen Republik.[23] Aufgrund der strukturellen wie politisch-kulturellen Rahmenbedingungen kann sich das nach den nächsten Wahlen allerdings rasch wieder ändern. Die Heterogenität des Bündnisses macht jedoch trotz breiter Mehrheit im Parlament auch der Regierung Berlusconi II immer mehr zu schaffen. Das „Haus der Freiheiten", bestehend aus Silvio Berlusconis *Forza Italia*, Gianfranco Finis *Alleanza Nazionale*, Umberto Bossis *Lega Nord*, den von Marco Follini angeführten christdemokratischen Zentristen (*Unione Democristiana e di Centro*/UDC) sowie der neu ge-

---

[20] Als ein Beispiel sei hier nur die aktuelle Wahlbewegung von Vittorio Sgarbi, im Jahr 1994 Mitglied des Kabinetts der Regierung Berlusconi I, erwähnt: *Per la bellezza* (Für die Schönheit).

[21] Der Rest der Stimmen ging an die *Rifondazione Comunista* bzw. die Regionalparteien *Union Valdôtaine* und *Südtiroler Volkspartei*.

[22] Vgl. Bartolini/Chiaramonte/D'Alimonte, a.a.O., S. 2.

[23] Bei den Wahlen 2001 war *Forza Italia* in 81 von 104 Provinzen die stärkste Kraft, in 20 Provinzen die zweitstärkste. Lediglich im sogenannten „roten Gürtel", also den Regionen Emilia-Romagna, Toskana und Umbrien, zeigte sie gewisse Schwächen.

gründeten sozialistischen Partei (*Nuovo* PSI) um Gianni de Michelis und schließlich den Republikanern (PRI) um Francesco Nucara, vereint mindestens so viele Interessengegensätze wie Gemeinsamkeiten unter demselben Dach. Bereits vor Beginn der italienischen EU-Ratspräsidentschaft waren diese deutlich zutage getreten, brachen aber erst nach Ablauf der Schonfrist, welche der Regierung im Zeichen Europas gewährt wurde, vollends auf und führten schließlich zu einer knapp drei Monate währenden Überprüfung von Regierungsprogramm und Regierungsfähigkeit der Koalition, die sogenannte *verifica*, welche am 19. Februar 2004 offiziell für beendet erklärt wurde.[24] De facto handelte es sich hierbei um eine handfeste Koalitionskrise, aus der schließlich Gianfranco Fini, dem neue Kompetenzen im Bereich der Wirtschaftspolitik übertragen wurden, gestärkt hervorging. Die Konfrontation innerhalb des sogenannten „Hauses der Freiheiten" verläuft in der Hauptsache zwischen AN und UDC einerseits und *Lega Nord* andererseits, wobei letztere jedoch auffallend von Berlusconi gestützt wird, trotz der permanenten Verbalausfälle Bossis und trotz seiner europa- und ausländerfeindlichen Positionen. Ein Grund dafür ist, daß die Mehrheit der regierenden Mitte-Rechts-Koalition im Senat ohne die *Lega Nord* wackeln würde. Im Grunde aber würden sich die Rechts-Konservativen und Christdemokraten von *Alleanza Nazionale* und UDC lieber heute als morgen von ihrem Bündnispartner *Lega Nord* trennen.

Im Lager von Mitte-Links sieht die Situation nicht viel besser aus. Hier kommt noch erschwerend hinzu, daß – im Unterschied zum Mitte-Rechts-Bündnis, wo Berlusconi durch sein Amt als Ministerpräsident eine programmatisch heterogene Koalition zusammenhalten kann – im Moment noch keine starke Integrationsfigur präsent ist, denn Romano Prodi, der Berlusconi bei den Parlamentswahlen im Jahr 2006 als Spitzenkandidat von Mitte-Links herausfordern soll, ist bis November 2004 noch als EU-Kommissionspräsident in Brüssel gebunden. Bislang blieb es deshalb beim Versuch der Opposition, ihre Politik stärker zu personalisieren. Zwar gelang es, für die Europawahlen eine gemeinsame Wahlliste (*Uniti nell'Ulivo/Lista Prodi*) im Zeichen der Wiederbelebung des Bündnisses *Ulivo*, bestehend aus DS, *Margherita*, SDI (*Socialisti Democratici Italiani*) und *Movimento Repubblicani Europei* aufzustellen, doch nicht alle

---

[24] Seit dem Herbst 2003 hatte sich die Regierungskoalition in zahlreichen Parlamentsabstimmungen gespalten gezeigt und entsprechende politische Niederlagen einstecken müssen.

Parteien des Mitte-Links-Spektrums konnten integriert werden.[25] Insgesamt ist auch das Mitte-Links-Bündnis sehr heterogen und entsprechend häufig zerstritten, was insbesondere in außenpolitischen Fragen stark zum Tragen kommt. Im März 2004 kam es wegen des unterschiedlichen Abstimmungsverhaltens im Parlament über die Verlängerung des Mandats der italienischen Truppen im Irak (die Reaktionen schwankten zwischen Ablehnung, Enthaltung und Boykott der Abstimmung) zu heftigen Querelen, welche dem mühsam geschaffenen Bild einer gemeinsam agierenden Linken in der Öffentlichkeit sehr geschadet hat. Stärker als eine gemeinsame Programmatik eint die Mitte-Links-Kräfte bislang ein Ziel: Berlusconi zu schlagen! In der Tat bereiten die Positionsunterschiede innerhalb der Opposition, zwischen den reformistischen Kräften DS und *Margherita* einerseits und dem kompromißloser agierenden linken Spektrum andererseits, bestehend aus zivilgesellschaftlichen Gruppen wie *No-Global* und *Disobbedienti* (Die Ungehorsamen), der Gewerkschaft CGIL sowie den kommunistischen Parteien *Rifondazione Comunista* (RC) und *Partito dei Comunisti Italiani* (PdCI), erhebliche Schwierigkeiten.[26] So suchen z.B. DS und *Margherita* immer wieder das Gespräch mit der Regierung und begeben sich in verschiedenen Sachfragen auf die Suche nach möglichen Übereinkünften mit Berlusconi, während die übrigen Kräfte eine Fundamentalopposition praktizieren, da sie die Regierung für undemokratisch und nicht dialogfähig halten. Weiteres prominentes Beispiel für die Differenzen innerhalb des Mitte-Links-Bündnisses ist die Auseinandersetzung, um die bereits angesprochene Irak-Politik Italiens, wo einige sich einen Verbleib der italienischen Streitkräfte unter UN-Aufsicht vorstellen können, während andere ihren unverzüglichen Abzug fordern.

---

[25] So tritt etwa das neue gemeinsame Bündnis des ehemaligen Staatsanwaltes Antonio Di Pietro (Ikone im Kampf gegen die Korruption der ersten Republik) und des ehemaligen PCI-Parteichefs Achille Occhetto, *Società Civile Di Pietro-Occhetto per il nuovo Ulivo/Italia dei Valori*, zu den Europa- und Kommunalwahlen separat an, unterstützt jedoch das Bündnis *Ulivo* extern. Enrico Boselli, Chef der italienischen Sozialisten des SDI, soll sein Veto eingelegt haben gegen die Aufnahme Di Pietros in die Einheitswahlliste.

[26] Vgl. zur (schwierigen) Situation der parlamentarischen und zivilgesellschaftlichen Opposition in Italien in den verschiedenen politischen Feldern ausführlich Francesco Tuccari (Hg.): L'opposizione al Governo Berlusconi, Roma/Bari 2004.

3 Altes und Neues im Verhältnis von Politik und Raum

Die 1993 eingeleiteten Wahlrechtsreformen haben also nur eingeschränkt zur Reform des politischen Systems Italiens beigetragen. Sie waren zudem weniger Ursache der Transformation als vielmehr Teil einer bereits Ende der 1980er, Anfang der 1990er Jahre einsetzenden neuen, diffusen Dynamik. Diese wiederum hatte – neben den geopolitischen Veränderungen und den neuen Rahmenbedingungen der Europäischen Wirtschafts- und Währungsunion[27] – ihre primäre Ursache in den Ende der 1970er Jahre in Italien einsetzenden sozialstrukturellen und wirtschaftlichen Veränderungen (so trieb etwa die wirtschaftliche Expansionsphase der 1980er Jahre die Säkularisierung stark voran)[28] und schlug sich schließlich im politischen System nieder, insbesondere in Gestalt der Referendum-Bewegungen[29] und neuen politischen Kräften, wie *La Rete*, *Lega Nord* u.a. Diese waren auch und vor allem Indiz für ein sich Anfang der 1990er Jahre rasch wandelndes Verhältnis von Politik und Raum in Italien. Tatsächlich entstand in den Peripherien, auf lokaler und regionaler Ebene, ein Reformwille bzw. bestand dort ein massiver Reformbedarf, der das politische System Italiens nachhaltig belebt hat.[30]

In der ersten Republik, also bis 1992/93, waren vor allem die Parteien der „Kitt der Republik" gewesen. Sie hielten das System zusammen. In dem Moment, als das Parteiensystem zusammenbrach, brachen die neuen territorialen Ansprüche mit Macht hervor und konnten so das politische System nachhaltig verändern. Dabei entstand bzw. entsteht seit etwa zehn Jahren in Italien so etwas wie eine „föderale Kultur".[31] Die Meilensteine in diesem Prozeß waren im ein-

---

[27] Zu den Einflüssen des europäischen Integrationsprozesses auf das politische System Italiens vgl. u.a. Sergio Fabbrini (Hg.): L'europeizzazione dell'Italia. L'impatto dell'Unione Europea sulle istituzioni e le politiche italiane, Roma/Bari 2003.

[28] Vgl. hierzu Arnaldo Bagnasco: L'Italia in tempi di cambiamento politico, Bologna 1996.

[29] Vgl. hierzu auch Peter Weber: Wege aus der Krise: Wahlreform und Referenden in Italien, in: *Aus Politik und Zeitgeschichte*, B 34/1994, S. 20-27 sowie ausführlicher Anna Capretti: Öffnung der Machtstrukturen durch Referenden in Italien. Eine pluralismustheoretische Analyse, Frankfurt am Main et al. 2001.

[30] Vgl. zu den Veränderungen von Politik und Territorium in Italien ausführlich Ilvo Diamanti: Bianco, rosso, verde ... e azzurro. Mappe e colori dell'Italia politica, Bologna 2003.

[31] Vgl. in diesem Sinne auch Francesca Gelli: Planning Systems in Italy within the Context of New Processes of ‚Regionalization', in: *International Planning Studies*, Vol. 6, No. 2/2001, S. 183-197.

zelnen: (i) die eingeführten Direktwahlen der Bürgermeister und Provinzpräsidenten 1993, (ii) die im Sinne einer tendenziellen Direktwahl der Regionspräsidenten durchgeführte Reform des Regionalwahlrechtes 1995[32], (iii) die 1997 durch die sogenannten „Bassanini-Gesetze" eingeleitete große Verwaltungsmodernisierung, (iv) die Gesetze zur Reform der Finanzverfassung in den Jahren 1997ff., (vii) die Verfassungsreform von 1999[33] und schließlich auch und vor allem (viii) die per Volksabstimmung am 07. Oktober bestätigte Verfassungsreform 2001.[34] Mit dieser Verfassungsreform wurden den subnationalen Gebietskörperschaften, insbesondere den Regionen, erheblich mehr Kompetenzen zugebilligt, nicht nur im Bereich der Verwaltung, sondern auch und gerade im Bereich der Gesetzgebung. Nachdem die erste Hälfte der 1990er Jahre ganz im Zeichen der Kommunen und Provinzen gestanden hatte, bildeten in der zweiten Hälfte der vergangenen Jahrzehnts die Regionen den Mittelpunkt des italienischen Dezentralisierungsprozesses. Dergestalt wurde nicht nur der Umbau des (1948 begründeten, aber erst 1970 verwirklichten) Regionalstaates zum Bundesstaat in Gang gesetzt. Das politische System der Regionen, das seit langem durch politische Fragmentierung und instabile Regierungen gekennzeichnet war[35], wurde grundlegend erneuert. Wie schon auf lokaler Ebene entstand auch hier eine neue politische Klasse, die, von stabileren Mehrheiten gestützt, wenigstens zum Teil endlich effektive Reformen durchzusetzen imstande war. Ein

---

[32] Gesetz No. 43/1995 vom 23. Februar 1995.

[33] Verfassungsgesetz No. 1 vom 22. November 1999, veröffentlicht in: *Gazzetta Ufficiale della Repubblica Italiana*, No. 299 vom 22. Dezember 1999.

[34] Es handelt sich hierbei um das Verfassungsgesetz No. 3/2001 vom 18. Oktober 2001: „*Modifiche al titolo V della parte seconda della Costituzione*", veröffentlicht in: *Gazzetta Ufficiale della Repubblica Italiana*, No. 248 vom 24. Oktober 2001. Bei einer Wahlbeteiligung von 34% stimmten im Rahmen der Volksabstimmung 64,2% für das verfassungsändernde Gesetz und 35,8% dagegen. Implementiert wurde die Reform des Titels V der Verfassung im wesentlichen durch das Gesetz No. 131 vom 05. Juni 2003, veröffentlicht in: *Gazzetta Ufficiale della Repubblica Italiana*, No. 132 vom 10. Juni 2003; vgl. zur Analyse der Reform und den Schwierigkeiten ihrer Umsetzung u.a. Franco Pizzetti: Dalle riforme della Costituzione ad un sistema costituzionale condiviso. La difficile sfida italiana, in: *Le Istituzioni del Federalismo, Regione e Governo Locale*, Jg. XXII, No. 3-4/2001, S. 599-626 sowie im Detail Carlo Bottari (Hg.): La riforma del Titolo V, parte II della Costituzione, Bologna 2003.

[35] Die durchschnittliche Amtsdauer der regionalen Regierungen in der ersten italienischen Republik (1947-1992) war mit 630 Tagen nur geringfügig höher als auf nationaler Ebene, wo sie im selben Zeitraum 542 Tage betrug.

neuer, pragmatischer Politikstil mit neuen Schwerpunktsetzungen in der Lokal- und Regionalpolitik, wie z.B. die Restaurierung der historischen Stadtzentren, ein systematisches Stadt- und Regionalmarketing, neue Strategien der Wirtschaftsförderung, aktive Beschäftigungsinitiativen sowie entschiedenere Kriminalitätsbekämpfung, all das waren bzw. sind einige der Elemente, die sichtbar geworden sind. Insbesondere Bürgermeister und Regionspräsidenten (letztere werden heute nicht zufällig meist als *Governatori* bezeichnet) haben im nationalen Politikprozeß signifikant an Einfluß zulegen können.[36] Aufgrund ihrer direkten Legitimation durch das Volk und einer größeren Unabhängigkeit von den Parteien infolge der Direktwahl gehen sie nicht selten auf Konfrontationskurs mit der nationalen Politik und suchen zum Teil bewußt nach demonstrativer Abgrenzung von den nationalen Parteien, um sowohl größere Autonomie als auch Glaubwürdigkeit an der politischen und gesellschaftlichen Basis zu erlangen. Allerdings befinden sich die Vertreter der lokalen und regionalen Ebene seit der Machtübernahme der Regierung Berlusconi II auch in einer äußerst heiklen Lage, denn diese betreibt eine Sparpolitik auf Kosten der lokalen Gebietskörperschaften und der Regionen, nachdem bis zum Jahr 2000 noch ein Zuwachs finanzieller Autonomie für die subnationalen Einheiten zu verzeichnen gewesen war. Den Regionen fehlen nach dem Haushaltsgesetz 2004 allein im Gesundheitswesen ca. 6 Mrd. Euro und die bis 2006 aufgestellten Haushaltspläne sämtlicher Regionen stehen auf tönernen Füßen. Durch die Unterfinanzierung jedoch lassen sich die hohen Erwartungen, welche die Gesellschaft inzwischen an ihre Regionen und Kommunen stellt, kaum mehr erfüllen.[37]

---

[36] Vgl. zu diesen – trotz mancher Widrigkeit und manchem Rückschritt – geradezu revolutionären Veränderungen auf lokaler und regionaler Ebene in Italien u.a. näher: Luciano Vandelli: Sindaci e miti. Sisifo, Tantalo e Damocle nell'amministrazione locale, Bologna 1997; Antonio Bassolino: La repubblica delle città, Roma 1996; Salvatore Vassallo: Regioni, ‚governatori' e federalismo. Come la leadership può cambiare la geografia, in: *Le Istituzioni del Federalismo, Regione e Governo Locale*, Jg. XXII, No. 3-4/2001, S. 643-674.

[37] Vgl. zu den Änderungen in der Finanzverfassung Italiens und zur Entwicklung der finanziellen Situation der Regionen wie auch der lokalen Gebietskörperschaften (auch im europäischen Vergleich) näher Davide De Grazia: L'autonomia finanziaria degli enti territoriali nel nuovo Titolo V della Costituzione, in: *Le Istituzioni del Federalismo. Regione e Governo Locale*, Jg. XXII, No. 2/2002, S. 267-304 sowie Associazione Reforme (Hg.): Federalismo 2004. Aspetti quantitativi e confronto con le esperienze europee, Milano 2004.

Wie rasant die Bedeutung des Territoriums in den letzten zehn Jahren gewachsen ist, verdeutlicht auch der Umstand, daß noch in den 1980er Jahren in Italien heftig über die Abschaffung der Provinzen diskutiert wurde und von „Föderalismus" zu sprechen nachgerade einem Angriff auf die Grundfesten des Staates und auf die Einheit der Nation gleichkam, somit also ein regelrechtes Tabu war.[38] Ein Kennzeichen der ersten Republik war, daß Staat und lokale bzw. regionale Gesellschaften über die Parteien integriert wurden. Davon hat sich die subnationale Ebene zum großen Teil befreien können. Regionen, Provinzen, Kommunen und Großstadtbezirke (*Città metropolitane*[39]) sind so de facto ein wesentlicher Modernisierungsfaktor für das italienische Staatswesen geworden und werden auch in dieser Funktion anerkannt und gefördert. Das gilt in besonderer Weise für die wirtschaftliche Entwicklung, denn Wachstum entsteht auch und gerade in den verschiedenen regionalen Systemen.[40] Italien ist traditionell ein Land der Städte und Regionen, diese sind in erheblichem Maß immer Teil der italienischen Wirklichkeit und nicht zuletzt der italienischen Identität gewesen.[41] Ökonomische Entwicklung und Territorialität, d.h. die räumliche Bindung der Wirtschaft, spielte ebenfalls von jeher in Italien eine besondere Rolle und wurde seit Ende der 1970er Jahre eine tragende „dritte Säule" der italienischen Ökonomie. Die autonome politische Steuerung und Regulation

---

[38] Vgl. Alexander Grasse: Shifting balances: Die „Regionale Frage" in Italien, in: Johannes Klotz/Heinz Zielinski (Hg.): Europa 2000. Lokale Demokratie im Europa der Regionen, Heilbronn 1999, S. 35-56.

[39] Diese sind seit dem Gesetz No. 142/1990 geplant, doch harren sie in ihrer überwiegenden Mehrzahl noch einer Umsetzung in die Praxis; vgl. zur Situation der *Città metropolitane* auch Gerardo Soricelli: Politiche pubbliche e complessità sociali. Il fenomeno delle aree metropolitane tra riassetto dell'amministrazione locale e riforme costituzionali, in: *Le Istituzioni del Federalismo. Regione e Governo Locale*, Jg. XXIII, No. 5/2002, S. 843-876.

[40] Siehe zu den neuen regionalen Wirtschaftspolitiken u.a. Raffaele Brancati (Hg.): Le politiche industriali nelle Regioni, Roma 2001; Raffaele Brancati (Hg.): Le politiche per le attività produttive. Le regioni e i nuovi strumenti, Roma 2002 sowie Roberto Basile/Marianna Mantuano: Politiche di sviluppo regionale in Italia: obiettivi, strumenti e risultati, in: *Argomenti. Rivista di Economia, Cultura e Ricerca Sociale*, No. 5/2002, S. 73-98.

[41] Zu den historischen Grundlagen und der Tradition von Regionalismus und Föderalismus in Italien vgl. ausführlich Alexander Grasse: Italiens langer Weg in den Regionalstaat. Die Entstehung einer Staatsform im Spannungsfeld von Zentralismus und Föderalismus, Opladen 2000. Zu Fragen territorialer Identität vgl. ferner Stefano Cavazza: Identità e culture regionali nella storia d'Italia, in: *Memoria e Ricerca*, Rivista di storia contemporanea, No. 6/1995, S. 51-71.

der verschiedenen regionalen Wirtschaftsräume und Gesellschaften sowie die aktive Förderung gesellschaftlicher Partizipation und Kooperation an der Basis, jenseits ideologischer Schranken und zum großen Teil abgekoppelt von den traditionellen Subkulturen (kommunistisch, katholisch-christdemokratisch oder laizistisch), ist dagegen ein relativ neues Phänomen bzw. Paradigma.[42] „Dezentrale Politik" hat an Gestaltungs- und Strahlkraft gewonnen, seitdem der Konnex von Ökonomie, Kultur und territorialer Identität in den Vordergrund gerückt ist.[43] Dabei hat sich auch die Beziehung von Politik und Territorium in der zweiten Republik bereits unumkehrbar gewandelt, denn die Orientierung der Bevölkerung erfolgt nicht mehr so sehr an den traditionellen Entwicklungsmodellen der sogenannten „drei Italien"[44] und den politischen Subkulturen, an ideologischen oder religiösen Gegensätzen und auch weniger an sozialen Konfliktlinien im Sinne von Schicht, Klasse oder dem Nord-Süd-Dualismus. Vielmehr ist es zu einer Zunahme territorialer Identitäten in Italien gekommen. Der Raum ist zu einem zentralen Medium von gesellschaftlicher Mobilisierung und Konsens sowie ganz generell von Innovation avanciert. Soziales Zusammenwirken und die Kooperation zwischen öffentlicher und privater Sphäre in Netzwerken hat in Italien in den letzten Jahren einen regelrechten Boom erlebt. Es gibt zahlreiche Aktivitäten an der Basis zu verzeichnen, die jedoch im Gegensatz zu früher weniger

---

[42] Vgl. zu diesem Themenkomplex u.a. Angelo Pichierri: La regolazione dei sistemi locali. Attori, strategie, strutture, Bologna 2002 sowie Arnaldo Bagnasco: Società fuori squadra. Come cambia l'organizzazione sociale, Bologna 2003.

[43] Vgl. hierzu näher Alexander Grasse: Identità regionali in Europa: quale rilevanza ai fini della modernizzazione? Formazione, elementi costitutivi ed efficacia di un „costrutto effimero", in: *Teoria Politica*, No. 1/2004 sowie Michael Keating/John Loughlin/Chris Deschouwer: Culture, Institutions and Economic Development, Cheltenham/Northampton 2003.

[44] Man unterscheidet in Italien seit Ende der 1970er Jahre – stark vereinfachend – drei unterschiedlich strukturierte Großgebiete verschiedener Entwicklungsmodelle bzw. -stadien: (a) den durch Großunternehmen geprägten Nordwesten, mit den Regionen Piemont, Lombardei und Ligurien im sogenannten „industriellen Dreieck" Turin-Mailand-Genua, (b) den durch Entwicklungsrückstände, Landwirtschaft und „Industrieinseln" bestimmten *Mezzogiorno*, mit den Regionen Abruzzen, Molise, Apulien, Kampanien, Basilikata, Kalabrien, Sizilien und Sardinien, und (c) den durch eine besondere Dichte von kleinen und mittleren Unternehmen auf familiärer Basis sowie durch die sogenannten „industriellen Bezirke" gekennzeichneten Nordosten und das Zentrum, wozu insbesondere die Regionen Veneto, Friaul-Julisch Venetien, Emilia-Romagna, Toskana und Marken sowie Trentino-Südtirol zählen – das sogenannte „dritte Italien"; vgl. grundlegend hierzu Arnaldo Bagnasco: Tre Italie: La problematica territoriale dello sviluppo italiano, Bologna 1977.

institutionalisiert, vor allem aber bedeutend weniger parteigebunden sind. Soziale Bewegungen sind in den letzten Jahren erstarkt, auch und gerade solche mit *Single-issue*-Charakter. In der Peripherie wird immer mehr Politik von Gruppen und Initiativen gemacht, die wenig mit dem nationalen politischen System zu tun haben.

Das Territorium fungiert aber auch als Symbol für Abgrenzung im Wettbewerb mit anderen Systemen und ist immer stärker Quelle von persönlicher wie kollektiver Identität. Die räumliche Dimension von Politik hat zum Teil den Charakter eines neuen Mythos erhalten.[45] Dabei ist es zu einer Autonomisierung lokaler und regionaler Politik gegenüber den Parteien und dem politischen Zentrum in Rom gekommen bzw. ist eine Entfernung der Parteien von der Peripherie zu konstatieren. Die Parteizentralen, welche inzwischen in weiten Teilen die Bindung zum Raum im Sinne von sozialer Verwurzelung und Organisation ihrer selbst verloren haben, treten in immer größerem Maße in eine stärker instrumentelle oder gar virtuelle Beziehung zu den Peripherien.[46] Nichtsdestoweniger schlagen sich die politischen Veränderungen, die sich im nationalen politischen System vollziehen, etwa durch sich im Zentrum verändernde Machtgleichgewichte, auch in der Wirklichkeit der Peripherien nieder, wie z.B. im Fall der komplizierten Auswahl der Wahlkreiskandidaten infolge der Proportionalisierung des Mehrheitswahlrechtes. Umgekehrt beeinflussen die politischen Prozesse auf lokaler Ebene heute aber auch signifikant Politik und Parteien im Zentrum des Staates.

Erstmals von der „Ressource" zum „Gegenspieler" nationaler Politik wurde territoriale Politik mit dem Auftreten der *Lega Nord* bzw. ihrer Vorläufer, *Liga Veneta, Lega Autonomista Lombarda* etc.[47] Doch bedeutete dies nur den Anfang

---

[45] Vgl. hierzu auch Alexander Grasse: The Myth of Regionalisation in Europe – Rhetoric and Reality of an Ambivalent Concept, in: *Journal of European Area Studies*, Vol. 9, No. 1/2001, S. 79-92.

[46] Vgl. Diamanti: Bianco, rosso, verde ... e azzurro, a.a.O.

[47] Bezüglich der inzwischen äußerst reichhaltigen Literatur zur *Lega Nord* hier nur einige wenige Hinweise: Ilvo Diamanti: Il male del Nord. Lega, localismo, secessione, Roma 1996; Frida Bordon: Lega Nord im politischen System Italiens. Produkt und Profiteur der Krise, Wiesbaden 1997; Chiara M. Barlucchi/Volker Dreier: Der Schlaf der Politik gebiert Ungeheuer. Zu den Sezessionsbestrebungen der Lega Nord, ihren Ursachen und möglichen Erfolgsaussichten, in: *Zeitschrift für Politikwissenschaft*, Jg. 8, No. 2/1998, S. 569-596; Benito Giordano: Italian regionalism or ‚Padanian' nationalism – the political project of the

eines umfassenderen „Aufstandes der Provinz"[48] gegen die traditionelle Politik und die Institutionen des italienischen Staates. Die „Bewegung Nordost" (*Movimento Nord-Est*), u.a. initiiert und gefördert vom ehemaligen Bürgermeister Venedigs Massimo Cacciari, dem Unternehmer und Vorsitzenden des Industrieverbandes des Veneto Mario Carraro sowie dem Journalisten Giorgio Lago (*Il Gazzettino*).[49] Aber auch die „Bewegung der Bürgermeister" und verschiedene Initiativen des Kleinunternehmertums im Norden und Nordosten Italiens signalisierten, obschon für sich genommen nicht von Dauer, einen grundlegenden Wandel und einen massiven Konflikt zwischen Gesellschaft, Parteien und Institutionen. Dabei handelt es sich nicht um den alten Nord-Süd-Dualismus in neuem Gewand, sondern ein neues *Cleavage* infolge der Ausdifferenzierung der ökonomischen Modelle im Norden Italiens, wo im Nordosten der Mittelstand nunmehr lautstark die Forderung nach Einfluß und Berücksichtigung der eigenen Interessen kundtat.[50] Das alles hatte bzw. hat einen sehr konkreten Hintergrund, nämlich massive Infrastrukturdefizite Italiens (u.a. in den Bereichen Transport und Verkehr wie auch Kommunikation), erhebliche Defizite in den Bereichen Bildung, Technologie und Raumordnung (insbesondere im Nordosten macht sich der Wildwuchs der Industrie, machen sich Umweltprobleme bemerkbar) sowie ein Mangel an effektiver politischer Regulation angesichts fundamentaler äußerer Veränderungen in Gestalt der voranschreitenden Transnationalisierung. Hinzu kam eine durch die einschneidenden Veränderungen in Ökonomie und Lebenswelt ausgelöste „neue Unsicherheit", die von weiten Bevölke-

---

Lega Nord in Italian politics, in: *Political Geography*, Vol. 19, No. 4/2000, S. 445-471; Antonia Gohr: Die Lega Nord – Eine Herausforderung für Italien. Zwischen Föderalismus und Separatismus, Frankfurt am Main et al. 2001; Paolo Rumiz: La secessione leggera. Dove nasce la rabbia del profondo Nord, Milano 2001; Ilvo Diamanti: Bianco, rosso verde ... e azzurro, a.a.O., S. 55-84.

[48] Vgl. Dirk Gerdes: Aufstand der Provinz. Regionalismus in Westeuropa, Frankfurt am Main/New York 1980.

[49] Vgl. Giorgio Lago: Nordest chiama Italia. Cosa vuole l'area del benessere e della protesta, Intervista di Gianni Montagni, Vicenza 1996.

[50] Vgl. zu diesem neuen Nord-Süd-Konflikt u.a.: Giuseppe Gangemi: Meridione – Nordest – Federalismo. Da Salvemini alla Lega Nord, Messina 1996; Giuseppe Gangemi: Grande Padania piccola cultura. Il Nord Est nella nuova Europa, Roma 1999; Dolores Deidda (Hg.): Nord est e mezzogiorno. Tra nuove relazioni e vecchi stereotipi, Roma 2002.

rungsteilen artikuliert wird, wenngleich auf ganz unterschiedliche Weise.[51] Die durch kleine und mittlere Unternehmen geprägten Landesteile, nämlich die gütererzeugende Mittelschicht im Nordosten, aber auch die sogenannte *New Economy* im Nordwesten, verlangten nach staatlicher Modernisierung und der Bereitstellung „kollektiver Güter", zugleich aber nach einem Ende der traditionellen Interventionspolitik Roms.[52] Mit anderen Worten: nach selbständiger Regulation territorialer Entwicklung, nach Flexibilisierung des Arbeitsmarktes, Privatisierung, Steuersenkungen und Vereinfachungen des Steuerrechtes, nach neuen Wegen der Unternehmensförderung und nach politischer Repräsentanz, die der tatsächlichen ökonomischen Bedeutung dieser Gebiete Rechnung tragen sollte. Der Zentralstaat wurde zunehmend als Hemmschuh von Entwicklung und Fortschritt wahrgenommen, als Instanz, die den territorialen Interessen im Weg steht. Insbesondere im Nordosten ist man aufgrund der demographischen Veränderungen über den Verfall der Sozialstrukturen besorgt. Der Verbrauch sozialen Kapitals ohne Neugenerierung bedroht die Grundlagen des ökonomischen Modells in diesem Teil des „dritten Italiens".

Die nationalen Parteien reagierten auf die veränderten Anforderungen seitens der Peripherien schrittweise – zunächst halbherzig, dann entschiedener – mit den bereits zuvor genannten Dezentralisierungsreformen, eingeleitet von der Mitte-Links-Regierung Romano Prodis 1996-1998. So waren die bereits genannten „Bassanini-Gesetze" eine erste Antwort auf die wachsenden zentrifugalen Kräfte, der Versuch einer umfassenden Verfassungsreform mit Hilfe der „Zweikammer-Kommission" (*Bicamerale*) 1997 eine zweite. Dergestalt erfolgte eine grundsätzliche Anerkennung der Legitimität der aus dem Norden kommenden Forderungen nach Veränderung. Selbst wenn der von Umberto Bossi inszenierte „Marsch entlang des Po" im September 1996 wegen der mangelhaften Beteiligung im engeren Sinne ein Mißerfolg war, schrillten in Rom doch die Alarmglocken und das Thema Föderalismus rückte auf der politischen Tages-

---

[51] Vgl. zur Entwicklung Nordostitaliens die jährlichen Berichte der *Fondazione Nord Est*, z.B. Ilvo Diamanti/Daniele Marini (Hg.): Nord Est 2001. Rapporto sulla società e l'economia, Venezia 2001, sowie die Zeitschrift *Foedus: Culture, Economie e Territori* (www.lapp.it/rivista_foedus.htm).

[52] Vgl. in diesem Kontext auch Günther Ammon/Klaus Stemmermann: Italien – Vom Kampf der Gesellschaft und Wirtschaft gegen den Staat, München 2001.

ordnung nach oben, wo es bis zum heutigen Tage blieb.[53] Die föderale Staatsreform wurde alsbald von nahezu allen Parteien – von Rechts bis Links – als notwendig akzeptiert, auch wenn es über die konkrete Form des neuen Systems und die Reichweite der regionalen Autonomie sowie über die tatsächlichen Mitbestimmungsrechte der Regionen an der nationalen Politik ganz unterschiedliche Positionen gab und gibt. Die Niederlage der Mitte-Links-Koalition in Rom bei den Regionalwahlen 2000 beschleunigte schließlich den Eifer der Regierung, die föderale Reform zu verwirklichen. Im September 2000, als eine mögliche Niederlage bei den Parlamentswahlen im Mai 2001 bereits absehbar war, wurde deshalb eilends ein verfassungsänderndes Gesetz auf den parlamentarischen Weg gebracht, welches dann in der bereits erwähnten Verfassungsreform 2001 mündete. Aufbauend auf den Diskurs-Ergebnissen der verschiedenen parlamentarischen Reformkommissionen integrierte es nicht nur die bis dahin erzielten Reformen und sicherte sie verfassungsrechtlich ab. Vor allem wurden die Kompetenzen der dezentralen Ebenen, allen voran die der Regionen, deutlich erweitert und dem Land wurde somit eine protoföderale Ordnung gegeben. Der Versuch, damit die Wählerschaft im Norden auf ihre Seite zu ziehen und die Hegemonie von *Forza Italia* und *Lega Nord* in Norditalien zu brechen, glückte nicht, denn die Wahlen gingen sehr deutlich verloren: Die Linke schrieb bei den Parlamentswahlen im Mai 2001 ihr schlechtestes Ergebnis der Nachkriegsgeschichte.

Die räumliche Ausdifferenzierung Italiens ist in den 1990er Jahren weiter vorangeschritten, mit dem Ergebnis mehr regionaler Vielfalt. Auch politisch sind die Regionen und Provinzen heftiger denn je umkämpft. Die Regionalwahlen 1995 und 2000, bei denen zahlreiche Regionen die politische Couleur wechselten, haben dies belegt. Auffallende Abgrenzungsbemühungen zwischen den Regionen dienen dazu, die eigene Identität zu festigen.[54] Die politischen Grenzen der zweiten Republik sind insgesamt unschärfer geworden. Zugleich tun sich die Parteizentralen schwer mit der Kommunikation und Durchdringung der Basis in den Peripherien, und zwar Rechts wie Links. Mediale Botschaften und

---

[53] Vgl. Diamanti: Bianco, rosso, verde ... e azzurro, a.a.O., S. 83.
[54] Vgl. Luciano Vandelli: Devolution e altre storie. Paradossi, ambiguità e rischi di un progetto politico, Bologna 2002.

Maßnahmen zur Erzielung von Konsens sind immer weniger in der Lage, vor Ort dauerhaft integrative Wirkung zu entfalten.

Besondere Probleme hatte und hat *Forza Italia* im Umgang mit den Peripherien und mit der von ihr unterschätzten „Kraft des Raumes". Als Bewegung bzw. Wahlverein Berlusconis anfänglich netzwerkartig um den fast ausschließlich medial vermittelten *Leader* herum organisiert, d.h. ohne wirkliches Fundament an der Basis, mußte sich *Forza Italia*, nachdem sie zunächst als nahezu virtuelle Partei auf nationaler Ebene, sozusagen als „politischer Akteur ohne Territorium" aufgetreten war[55], schließlich doch mit dem Faktor „Raum" auseinandersetzen – vor allem, nachdem sich herausstellte, daß die national orientierte Parteienkonfiguration und die allein über die Führungsfigur Berlusconi versuchte Integration für sich genommen ungenügend war, um bei den Gemeinde-, Provinz- und Regionalwahlen erfolgreich zu sein. Das bedeutete für *Forza Italia*, Kompromisse eingehen und sich mit den Peripherien arrangieren zu müssen. In Ermangelung ausreichender geeigneter Kandidaten erfolgte dabei der Rückgriff auf lokal und regional verankerte Vertreter der ersten Republik, vor allem der untergegangenen *Democrazia Cristiana*, aber auch der Sozialisten (PSI), Republikaner (PRI) und Liberaldemokraten (PLI) – zumeist Figuren aus der zweiten und dritten Reihe, Hinterbänkler, die auf diese Weise in *Forza Italia*, mehr als in allen anderen Parteien, eine neue Heimat gefunden haben und entweder direkt vor Ort integrieren oder als Mittler von der nationalen Ebene aus in einer Schlüsselfunktion stark in die Regionen und Kommunen hineinwirken.[56] Nach den verlorenen Regionalwahlen 1995 begann *Forza Italia* einen ersten Umstrukturierungsprozeß, bemüht um eine flächendeckende Repräsentation an der Basis, allerdings ohne dabei die innerparteilichen Entscheidungsstruktu-

---

[55] Vgl. Diamanti: Bianco, rosso, verde ... e azzurro, a.a.O., S. 163.

[56] Beispiele sind u.a. verschiedene Minister im Kabinett der Regierung Berlusconi II, wie Claudio Scajola (Ligurien), Giuseppe Pisanu (Sardinien) und Enrico La Loggia (Sizilien). Die Hälfte der Regionalräte Siziliens, die von *Forza Italia* gestellt werden, sind ebenfalls Vertreter der ersten Republik. In der Lombardei sind es weit über die Hälfte, in Ligurien sogar 80%, ebenso wie im Veneto. Im nationalen Parlament in Rom sind immerhin von 210 Parlamentariern 22% ehemalige *DC*-Politiker. Macht und Einfluß sind oftmals die Triebfeder für das politische Engagement in Berlusconis Partei, also die Chance, aufgrund des Machtpotentials des *Forza Italia*-Chefs selbst etwas bewegen zu können oder aber schlicht, um Karriere zu machen. Ideologische Grundüberzeugungen spielen häufig nur sekundär eine Rolle; vgl. Diamanti: Bianco, rosso, verde ... e azzurro, a.a.O., S. 127.

ren zu verändern. Diese blieben, trotz einer zweiten Organisationsreform Ende der 1990er Jahre, bis heute hierarchisch und extrem zentralisiert, d.h. in der Hand Berlusconis und seiner engsten Vertrauten.[57] Zum anderen erfolgte nach dem Scheitern 1994 das neuerliche (Zweck-)Bündnis mit der *Lega Nord* als der am stärksten territorial gebundenen Partei Italiens. Nach neuesten Untersuchungen ist *Forza Italia* inzwischen eine gewisse Etablierung an der Basis gelungen, ohne jedoch eine territoriale Verwurzelung wie die alte DC oder gar die Linksdemokraten (DS) zu erreichen. Die Partei hat indes jedoch zwei geographische Hochburgen entwickeln können, welche allerdings verschiedener nicht sein könnten: einerseits den Nordwesten Italiens, d.h. das Gebiet zwischen den Regionen Piemont und Lombardei sowie das westliche Ligurien, andererseits Sizilien sowie die Provinzen entlang des Tyrrhenischen Meeres nördlich und südlich von Neapel. Diese Gebiete machen immerhin 40% der Gesamtbevölkerung bzw. 23 Mio. Menschen aus. *Forza Italia* hat sich damit insbesondere dort durchgesetzt, wo die Linksdemokraten traditionell schwach sind, eine antikommunistische Grundeinstellung herrscht, aber in der ersten Republik keine wirklich dominanten Subkulturen bzw. festgefügten politischen Traditionen existierten, obzwar in beiden Gebieten DC und PSI stark vertreten waren. Die politische und soziale Identität in diesen Regionen der – in Anlehnung an die Parteifarbe von *Forza Italia* – nunmehr sogenannten „blauen Zone" ist relativ schwach und die Motivation, *Forza Italia* zu wählen, ist in beiden Hochburgen eine gänzlich andere, ja gegensätzliche.[58] Während das Gefühl persönlicher Unsicherheit im Nordwesten dominiert und den Wunsch nach Verbesserung der inneren Sicherheit laut werden sowie die Forderung nach ökonomischer Effizienz und Liberalisierung (vor dem Hintergrund eines hohen Urbanisierungsgrades, starker Tertiärisierung und eher komplexen wirtschaftlichen und sozialen Strukturen) entstehen läßt, erhoffen sich die FI-Wähler im Süden hingegen einen „starken Staat", der in sozialen Fragen umverteilt und den persistent rückständigen Süden weiter fördert.

---

[57] Symptomatisch ist die geringe oder gar fehlende Bildpräsenz der lokalen Kandidaten und Kandidatinnen auf Wahlplakaten von *Forza Italia*. Berlusconi selbst ist das einzige (zulässige) Gesicht der Partei und zum Teil sogar des gesamten Mitte-Rechts-Bündnisses.

[58] Vgl. Diamanti: Bianco, rosso, verde ... e azzurro, a.a.O., S. 141ff.

Die Integration dieser unterschiedlichen Interessen erfolgt bislang über die Führungsfigur Berlusconi, der für beide Seiten zum Hoffnungsträger geworden ist. Gemeinsam ist der Wählerschaft von *Forza Italia* in den so unterschiedlichen Hochburgen des Nordwestens und Siziliens – neben dem „Glauben" an Berlusconi und die Identifikation mit ihm – ein geringes zivilgesellschaftliches Engagement, geringes politisches Interesse und eine geringe politische Beteiligung sowie eine latente Abneigung gegen Institutionen und langwierige demokratische Entscheidungsprozesse. Primäre Informationsquelle ist, weit über dem italienischen Durchschnitt, das Fernsehen.[59] Es handelt sich vor allem um ältere Personen, Rentner, Frauen, Arbeitslose, kleinstädtische Milieus, Personen mit eher geringer Bildung, wenig lesend und mit geringer politischer Überzeugung, zugleich aber einer ausgeprägten Bereitschaft zum Protest, wenn dies möglich ist, ohne selbst aktiv werden zu müssen. Hinzu kommt eine große Zahl an Selbständigen und Personen mit antikommunistischer Einstellung. Der Druck auf die Regierungskoalition ist in den letzten Monaten jedoch größer geworden, denn sie bleibt Antworten auf die drängendsten Fragen schuldig und löst keine ihrer widersprüchlichen Versprechungen wirklich ein bzw. erfüllt weder die Erwartungen ihrer Klientel im Norden noch die ihrer süditalienischen Anhänger. Damit nimmt ihr Vermittlungsproblem gegenüber den Peripherien eher zu als ab.[60]

Die Vermittlung zwischen Partei, Territorium und Gesellschaft erfolgt bei *Forza Italia* außer über die Führungsperson Berlusconi weitgehend institutionell, d.h. über die in Regierungsämtern befindliche politische Klasse vor Ort. Bürgermeister, Provinzpräsidenten und Parlamentsmitglieder sind es, welche hauptsächlich die Beziehung zu den Peripherien herstellen, u.a. über lokal mächtige „Eliten", über Personen, Gruppen und Clubs wie *Rotary*, *Lions* etc.

---

[59] Empirische Untersuchungen zeigen, daß 21% der Italiener/innen mehr als 4 Stunden pro Tag fernsehen, aber 36,4% der FI-Wähler und 33% der Wähler der Mitte-Rechts-Allianz, vgl. Diamanti: Bianco, rosso, verde ... e azzurro, a.a.O., S. 133.

[60] Doch nicht nur *Forza Italia*, sondern das sogenannte „Haus der Freiheiten" insgesamt ruht auf einem brüchigem Fundament, denn die genannten Interessenunterschiede und die wirtschaftlichen wie sozialen Differenzen spiegeln sich auch in den größten Bündnispartnern von *Forza Italia*, nämlich *Alleanza Nazionale* und *Lega Nord*, und deren unterschiedlicher Wählerklientel. Während im Süden von *Alleanza Nazionale* sozialer Schutz und Staatsinterventionismus im Bereich der Wirtschaft durch massive öffentliche Investitionen gefordert werden, erwartet der Norden dagegen von der *Lega* ein Regulationsmodell von mehr Markt und weniger Staat und fordert die Einführung des Fiskalföderalismus.

Berlusconi ist dadurch zum Teil in der Peripherie von Personen abhängig geworden, die nur bedingt seiner Kontrolle unterliegen, da es sich um erfahrene Vertreter der alten Eliten handelt. Praktiziert wird eine individualisierte, personalisierte Art der politischen Integration. Man kann hier auch von einem Modell des „lokalen Populismus" bzw. des „ausgedehnten Präsidentialismus" sprechen.[61] Dennoch oder gerade deshalb ist das territoriale Fundament von *Forza Italia*, auch nach dem Jubiläum zum zehnjährigen Bestehen im Frühjahr 2004, weiterhin brüchig, wie die verlorenen Provinz-, Regional- und Kommunalwahlen im Juni 2003 offengelegt haben. In diesen Kontext paßt, daß die Regionen mit den höchsten Mitgliederzahlen (in bezug zur Bevölkerung), nämlich Apulien, Veneto und Abruzzo, nicht diejenigen sind, wo *Forza Italia* die besten Wahlergebnisse erzielt. Die „Politik ohne Territorium" ist nach wie vor ein großes Problem für *Forza Italia*. Im Vergleich zu den Wahlen 2001 haben sich in den betroffenen Gebieten die Wählerstimmen 2003 halbiert, im Vergleich zu den Lokalwahlen 1998 gab es nur einen minimalen Zuwachs.[62] Die Prognosen für den Urnengang am 13. Juni 2004, wenn über 36 Mio. Italienerinnen und Italiener über die Besetzung der Parlamente von 63 Provinzen (von insgesamt 104) und Provinzpräsidenten sowie über 4.506 Bürgermeister (von insgesamt 8.103) und ein Regionalparlament (Sardinien) zu entscheiden haben, sind mehr als schlecht.[63]

Gleichwohl hat sich nach dem Untergang der DC und der Erosion der „weißen", also der christdemokratischen Subkultur auch der Nordosten Italiens weitgehend *Forza Italia* zugewandt. Die Partei konnte der *Lega Nord* dort den

---

[61] Vgl. Luciano Vandelli: Il Governo locale, Bologna 2000.

[62] Vgl. Diamanti: Bianco, rosso, verde ... e azzurro, a.a.O., S. 144.

[63] Seit dem Herbst 2003 sehen die meisten demoskopischen Erhebungen die Mitte-Rechts-Regierung kontinuierlich im Abschwung. In Umfragen von Anfang Mai 2004 wird *Forza Italia* mit nur noch 20% der Stimmen gehandelt, nachdem die Partei bei den Parlamentswahlen 2001 noch 29,5% der Stimmen erringen konnte. Da *Forza Italia* auf nationaler Ebene und bei den Wahlen zum Europäischen Parlament stets bessere Ergebnisse erzielt als bei Kommunalwahlen, war die Entscheidung der Regierung Berlusconi für den sogenannten *election day*, d.h. die Zusammenlegung der Europawahlen mit den Kommunalwahlen am 13. Juni 2004, taktisch nicht unklug. Ob und inwiefern sich dadurch eine Wahlniederlage abwenden läßt, ist jedoch vollkommen offen. In jedem Falle handelt es sich am 13. Juni 2004 um den ersten großen politischen Stimmungstest in Italien seit der Machtübernahme durch die Regierung Berlusconi II im Mai 2001. Diese Bewährungsprobe könnte auch eine Vorentscheidung hinsichtlich der Zukunft der Regierungskoalition bringen.

Rang rasch ablaufen, was auch mit thematischen Überschneidungen, wie Liberalismus, Zentralität der Wirtschaft, Entstaatlichung usw., zu tun hat. Freiberufler, Unternehmer, moderate Wähler, abhängig Beschäftigte in der Kleinindustrie, Rentner und Hausfrauen sowie die urbane Mittelschicht wechselten in Scharen zu *Forza Italia*. Die *Lega* hat ihr Wählerpotential nur noch im unmittelbaren Voralpenland. Nach ihrer politischen Hochphase bis Mitte der 1990er Jahre hat sie kontinuierlich an politischer Zustimmung verloren und ihr Monopol der Repräsentation des Nordens eingebüßt. Die 1996-1998 verfochtene Strategie des Sezessionismus ging nicht auf. Zulauf erhielt sie einzig von den Modernisierungsverlierern, d.h. unqualifizierten Arbeitern, Personen in prekarisierten Beschäftigungsverhältnissen und in den städtischen Randzonen lebenden Personen. Im Zuge dessen wurde sie von einer anfänglich innovativen Kraft im politischen System Italiens zu einer politischen Kraft, die auf die Ängste der Menschen und ihre Verunsicherung setzt, welche u.a. aus der Globalisierung herrührt. Die neuerliche Allianz mit Berlusconi bei den Parlamentswahlen 2001 diente dazu, die *Lega Nord* aus ihrer Isolation und ihrem politischen Schattendasein (sie verfügte nur noch über etwa 4% der Stimmen) herauszuholen. Mittels der erneuten Pointierung des Themas „Föderalismus", diesmal jedoch innerhalb der Regierung, versucht sie, in die Rolle der „einzig wahren Vertretung des Nordens" zu schlüpfen. Hierzu wurden verschiedene politische Projekte lanciert, wie z.B. neue, „ausschließliche Gesetzgebungskompetenzen" für die Regionen in den Bereichen lokale Polizei, Gesundheit und schulische Bildung – die sogenannte *devolution* – oder der inzwischen verwirklichte, symbolträchtige Umzug des zweiten italienischen Fernsehens (RAI 2) von Rom nach Mailand. Flankiert wird dies mit einer erneuten Kampagne gegen den Zentralismus – diesmal den aus Brüssel. Darüber hinaus bleibt ein an der Tagespolitik orientierter, vom Parteichef Umberto Bossi gesteuerter Populismus auf den Gebieten Einwanderung und Kriminalität prägendes Element der *Lega*-Politik. Die schwere Erkrankung Bossis im März 2004 bedeutet aber gerade deshalb eine schwierige Zukunft für die Partei. Ihre ursprüngliche Stärke als „Partei territorialer Interessen" hat sie weitgehend verloren. Nichtsdestoweniger hält die *Lega Nord* – zusammen mit *Forza Italia* – Norditalien, insbesondere den Nordosten, weiterhin politisch besetzt. Die Eroberung des Nordostens durch Mitte-Rechts bedeutet jedoch nicht, daß FI tatsächlich die Nachfolge der „weißen" Subkultur angetreten hätte.

Sollte Berlusconi die in ihn gesetzten Erwartungen bezüglich der Lösung der Probleme des Nordostens nicht erfüllen, ist hier ein deutlicher Wählerschwund zu erwarten.

Der *Mezzogiorno* wiederum ist umkämpfter denn je. Eine eindeutige Wahlgeographie läßt sich hier, abgesehen von Sizilien, das fest in der Hand von *Forza Italia* ist, nicht mehr ausmachen. Das bedeutet, daß sich die nationalen Wahlen zum erheblichen Teil dort entscheiden. *Alleanza Nazionale* beispielsweise, nach *Forza Italia* zweitstärkste Kraft des Mitte-Rechts-Lagers, hat nur noch eine kleine Hochburg im Süden, nämlich in Form eines schmalen Gürtels unterhalb der „roten Zone" oder anders formuliert: in den südlichen Zentrumsregionen.[64] Die Partei der *Margherita*, welche über ein territorial wenig gefestigtes Bild verfügt, ist im Süden ebenfalls präsent, genau wie die UDC im Süden relativ stark repräsentiert ist. Kennzeichen der Gegenwart im *Mezzogiorno* ist, nicht wesentlich anders als in der Vergangenheit, eine – trotz manchen unleugbaren Fortschritts – noch immer weniger starke Zivilgesellschaft als im Norden des Landes. Die Beziehungen zwischen Politik und Bevölkerung werden von wenigen Mediatoren bestimmt, weshalb das praktizierte Vermittlungsprinzip von *Forza Italia* hier besonders gut greift. Das individuelle Netz persönlicher Verbindungen, in einem Geflecht zwischen der lokalen Gesellschaft und den Mächtigen in den Institutionen, ist im tiefen Süden nach wie vor in großem Maße wahlentscheidend.

Allein die „rote" Subkultur hat es – trotz dramatischer äußerer Veränderungen – geschafft, den Wechsel von der ersten zur zweiten Republik zu überdauern. Mit Blick auf die Wahlgeographie zeigt sich, daß DS, PdCI und RC ihre traditionellen Grenzen bzw. Hochburgen, nämlich im wesentlichen Emilia-Romagna, Toskana und Umbrien, auch in der zweiten Republik behalten haben. Nicht nur die *Lega*, auch die DS hatte und hat damit letztlich den Charakter einer stak regionalisierten Partei, was häufig übersehen wird. Das setzt ihr im politischen Wettbewerb gewisse Grenzen, bietet aber auch Chancen. Zumindest bislang ist es der Linken nämlich gelungen, die Sozialstruktur ihrer Hochburgen zu konsolidieren und als soziales Kapital zu perpetuieren. Dies hängt zum einen damit zusammen, daß die Transformation des PCI zu PDS und DS ohne große

---

[64] Vgl. Diamanti: Bianco, rosso, verde ... e azzurro, a.a.O., S. 106.

Brüche vonstatten ging. Zum anderen damit, daß die Linke im „roten Gürtel" stets eine raumorientierte Politik betrieben hat und das zivilgesellschaftliche Netz eng an die Politik gebunden war und ist, enger als in der „weißen" Subkultur.[65] Allerdings ist die Parteienbindung nicht mehr so direkt wie ehedem, sondern auch hier inzwischen stärker durch die Institutionen vermittelt, welche weit überwiegend von der politischen Linken regiert werden. Die enge Verbindung zwischen Bürgern und Institutionen hat die direkte subkulturelle bzw. parteiliche Bindung in großen Teilen abgelöst, ohne jedoch den zivilgesellschaftlichen Zusammenhalt in Frage zu stellen.[66] Die über die Jahrzehnte geschaffene „institutionelle Dichte" der Regionen des „roten Gürtels" war hierbei hilfreich. Auf regionaler und lokaler Ebene produziert die Linke im „roten Gürtel" noch immer ausreichend Konsens, vor allem durch vergleichsweise gute öffentliche Dienstleistungen und ein – trotz desintegrierend hineinwirkender externer Faktoren – stabiles und erfolgreiches Wirtschaftssystem auf KMU-Basis. Bislang funktioniert hier das „dritte Italien" noch, trotz globaler Konkurrenz. Der alte PCI hatte sich letztlich immer auch als „Partei der lokalen Verwaltung bzw. der lokalen Regierung" geriert und sich damit nicht nur in Opposition zur Regierung, sondern auch zum Zentralismus definiert. In der „roten Zone" herrschte stets ein größeres Vertrauen als andernorts in die Institutionen auf lokaler und regionaler Ebene. Diese wurden nicht als Hilfsinstanzen oder lokale Mittler des Zentralstaates wahrgenommen, wie in der Spätphase der ersten Republik bei der an der DC orientierten „weißen" Subkultur der Fall. Denn tatsächlich hat die Linke auf regionaler und lokaler Ebene Markt und Soziales viel stärker direkt reguliert und so über mehrere Jahrzehnte eine Identifikation mit der lokalen Regierung aufgebaut. Das ist der Christdemokratie in ihren Hochburgen kaum gelungen. Dieser wurde die Krise des Verhältnisses von Zentrum und Peripherie, beginnend im Nordosten, zum Verhängnis, lange vor Aufdeckung des Korruptionsskandals 1992/93. Die politische Linke entwickelte dage-

---

[65] Siehe dazu ausführlich die vergleichende Regionalstudie von Messina, welche von einem „integrativen Regulationsmodell" direkter Steuerung in der „roten" Subkultur ausgeht, im Unterschied zu einem eher „aggregativen Regulationsmodell" der „weißen" Subkultur, wo die institutionellen Akteure nicht im Zentrum des Handelns stehen, sondern nur eine Nebenrolle spielen; vgl. Patrizia Messina: Regolazione politica dello sviluppo locale. Veneto ed Emilia Romagna a confronto, Torino 2001.

[66] Vgl. Diamanti: Bianco, rosso, verde ... e azzurro, a.a.O., S. 160.

gen, unter maßgeblicher Mitwirkung der Regionen Emilia-Romagna und Toskana, Mitte der 1990er Jahre rasch sehr konkrete Konzepte zur Staatsreform im Sinne des Übergangs zum Föderalismus. Auch dies gereichte ihr zum Vorteil. Dennoch zeigt die wachsende Konkurrenz in Gestalt der Partei der *Margherita*, wie auch die Zunahme der Konfliktlinien und des Wettbewerbs innerhalb des Mitte-Links-Lagers auf lokaler Ebene, daß die politischen Traditionen auch im „roten Gürtel" im Wandel begriffen sind. Nichtsdestoweniger bietet die räumliche Dimension für die Linke einen wichtigen Wettbewerbsvorteil in der Auseinandersetzung mit dem Mitte-Rechts-Lager, was jedoch bisweilen vom Mitte-Links-Bündnis unterschätzt bzw. nicht genügend berücksichtigt wird. Statt den „Faktor Raum" stärker zu nutzen, versuchte man in den Parteizentralen des Mitte-Links-Bündnisses zu lange, die politischen Strategien Berlusconis zu imitieren.[67]

Kurzum: Der Raum ist als politische Einflußgröße in den vergangenen 10 bis 15 Jahren sehr viel wichtiger geworden und alle Parteien sehen sich diesbezüglich neuen Herausforderungen gegenüber. Trotz einiger Kontinuität überwiegt letztlich der Wandel im Verhältnis von Politik und Raum im Italien der zweiten Republik. Neue Antworten auf die „territoriale Frage" werden, weil sie in erheblichem Maß Teil einer notwendigen Modernisierungspolitik sind, und zwar sowohl im Sinne von gesellschaftlicher Integration als auch von ökonomischer Entwicklung, mitentscheiden über den politischen Erfolg der Parteien wie auch des „Systems Italien" im internationalen Wettbewerb. Deshalb ist diese Frage auch ein Kernbestandteil der geplanten und als unumgänglich betrachteten weiteren Verfassungsreformen.

---

[67] Dies wurde kürzlich u.a. auch von Umberto Eco kritisiert, einer der gewichtigen Stimmen im Chor der oppositionellen Kräfte. Er schlug dementsprechend als Wahlkampfstrategie für die Kommunal- und Europawahlen am 13. Juni 2004 vor, hier durch vermehrte Basisarbeit in den Innenstädten und durch den intensiven Dialog mit den verschiedensten Verbänden, Interessengruppen, sozialen Bewegungen und Vereinen, die der Linken traditionell näher stehen, entgegenzusteuern.

4 Politik im Zeichen der Macht – die geplanten Verfassungsreformen der Regierung Berlusconi II

Inzwischen hat sich die Regierung Berlusconi II die umfassende und grundlegende Reform des politischen Systems Italiens zur Aufgabe gemacht. Nach ihren zwei ergebnislosen Gesetzesinitiativen zur abermaligen Neufassung der Kompetenzen der Regionen und lokalen Gebietskörperschaften[68] wurde von der Regierung am 17. Oktober 2003 ein Gesetzentwurf im Parlament eingebracht (*Senato ddl. costituzionale* No. 2544), der in Teil II der italienischen Verfassung („Ordnung der Republik") nicht weniger als 35 Artikel neu schreibt.[69] Am 25. März 2004 wurde der Gesetzentwurf nach fünfmonatiger Beratung in erster Lesung vom italienischen Senat verabschiedet (nötig sind insgesamt vier Lesungen, jeweils zwei von beiden Kammern). Der Gesetzentwurf betrifft alle zentralen Bereiche des politischen Systems, verändert Staats- und Regierungsform, greift in das Gesetzgebungsverfahren ein und krempelt sämtliche Verfassungsorgane und ihr Verhältnis zueinander um: Parlament, Regierung, Staatspräsident und Verfassungsgericht.

Eine solche große Verfassungsreform wird seit dem Ende der sogenannten ersten Republik nahezu einhellig von Politik, Wissenschaft und Gesellschaft Italiens gefordert. Die Novellierung der Verfassung ist Teil nahezu jeden Partei- und Regierungsprogramms geworden, Rechts wie Links gleichermaßen. Allein in der seit dem Jahr 2001 laufenden Legislaturperiode sind im italienischen Parlament bereits über 200 Gesetzentwürfe zur Änderung der Verfassung eingebracht worden. Im wesentlichen sind es sechs Argumente, die seit Jahren zugunsten einer großen Verfassungsrevision angeführt werden:

(1) Ineffizienz des politisch-institutionellen Entscheidungssystems mit einer zu schwachen Regierung, insbesondere der Ministerpräsident sei nicht in der Lage, die Regierungspolitik in ausreichendem Maße zu bestimmen;

(2) unzureichende Regierungsstabilität;

---

[68] Es handelt sich um die „Reform La Loggia" und die „Reform Bossi", vgl. näher den Abschnitt 4.5.

[69] Im einzelnen geht es um folgende Artikel: 55, 56, 57, 58, 59, 60, 64, 65, 67, 69, 70, 71, 72, 80, 81, 83, 85, 86, 87, 88, 89, 91, 92, 93, 94, 95, 96, 104, 114, 116, 117, 126, 127, 135, 138.

(3) das gültige Verfassungssystem führe weder zu klaren Verhältnissen von Regierung und Opposition noch sei die Bindung von Wählerauftrag und Regierungsbildung garantiert;

(4) der Parteienherrschaft müsse durch institutionelle Reformen Einhalt geboten werden, da diese die Funktion der Institutionen aushebele;

(5) Delegitimierung der Institutionen im Zuge des Niedergangs der ersten Republik;

(6) Beendigung des Transformationsprozesses, d.h. notwendige Anpassung der Verfassung an die realen politischen Veränderungen seit 1993 (insbesondere an den Übergang zum Mehrheitssystem) und an die seit in Kraft treten der Verfassung 1948 geänderte politische Wirklichkeit.[70]

Erste Reformversuche der Verfassung gehen mit der sogenannten *Commissione Bozzi* auf das Jahr 1985 zurück. 1997/1998 stand man, nach diesem und einem weiteren, 1993 ebenso kläglich gescheiterten und insgesamt wenig ambitionierten zweiten Reformversuch, tatsächlich einmal kurz vor der Verabschiedung einer umfassenden Verfassungsreform. Doch Silvio Berlusconi, damals Oppositionsführer, änderte in der entsprechenden Zweikammer-Kommission von Abgeordnetenhaus und Senat (*Bicamerale*) schließlich plötzlich doch noch seine Meinung und ließ den zuvor mühsam über die Parteigrenzen hinweg ausgehandelten Kompromiß kurzerhand platzen.[71]

Zu diesen drei bisher unternommenen Reformversuchen gibt es jedoch diesmal eine Reihe von substantiellen Unterschieden, die auch über den Ausgang des Vorhabens mitentscheiden könnten. Der zentrale methodische Unterschied ist erstens, daß die Reform diesmal von der Regierung initiiert wurde, d.h. ohne Einberufung eines entsprechenden Ausschusses durch das Parlament, und zweitens, daß die Regierungsmehrheit das Projekt nicht nur ohne Einbezie-

---

[70] Vgl. auch Valerio Onida: Il „mito" delle riforme costituzionali, in: *Il Mulino*, Jg. 53, No. 1/2004, S. 15-29.

[71] Vgl. zur Ursachenanalyse der drei bisher unternommenen und allesamt mißlungenen Versuche einer umfassenden Verfassungsnovellierung Stefan Köppl: Transition ohne Reform? Gescheiterte Anläufe zur Verfassungsreform 1983-1998 im Vergleich, Stuttgart 2003; vgl. auch in knapperer Form Stefan Köppl: Vergebliches Bemühen um Veränderung: Gescheiterte Anläufe zur Reform der italienischen Verfassung, in: *Zeitschrift für Parlamentsfragen*, Jg. 34, No. 2/2003, S. 310-329.

hung der Opposition, sondern sogar gegen deren energischen Widerstand vorantreibt. Der Widerstand begründet sich aber weniger methodisch als inhaltlich. Tatsächlich muß sich die derzeitige Mitte-Links-Opposition – zumindest auf den ersten Blick – den Vorwurf gefallen lassen, in gewisser Weise die „Büchse der Pandora" geöffnet zu haben, als sie in der Schlußphase ihrer Regierungszeit 2000/2001 selbst erstmals eine Verfassungsänderung unter Zuhilfenahme des Art. 138 der italienischen Verfassung durchsetzte, d.h. im Alleingang, ohne eine Zweidrittelmehrheit im Parlament. Der Artikel 138 ermöglicht, daß verfassungsändernde Gesetze auch dann in Kraft treten können, wenn sie zuvor mit absoluter Mehrheit vom Parlament verabschiedet wurden und anschließend in einem „bestätigendem Referendum" (*referendum confermativo*) von einer Mehrheit der an der Volksabstimmung Teilnehmenden (d.h. es existiert kein Quorum) angenommen wird. Genau dies geschah im Zusammenhang mit der bereits angesprochenen Reform des Titels V der Verfassung, welche die Kompetenzen der Regionen und lokalen Gebietskörperschaften signifikant und nachhaltig verbessert hat.

Dementsprechend sieht sich die jetzige Mitte-Rechts-Regierung legitimiert, den gleichen Weg zu beschreiten. Dabei werden jedoch mehrere wesentliche Unterschiede zu diesem Präzedenzfall vernachlässigt. Erstens hatte die Reform nicht die Reichweite des aktuellen Gesetzespaketes der Regierung Berlusconi und zweitens bestand seit der *Bicamerale* 1997/98 de facto bereits Einigkeit zwischen den großen politischen Blöcken hinsichtlich der Reform des Titels V. Die Verfassungsreform 2001 war im Grundsatz nur die Formalisierung dessen, was bereits in der letzten *Bicamerale* Konsens war. Erinnern wir uns: Ursache für Berlusconis damaliges Veto der großen Verfassungsrevision war allein die Justizreform, nicht die Staatsreform gewesen. Mehr noch: Der jetzigen Regierung ging das Reformgesetz zur Föderalisierung, wie es letztlich in Kraft getreten ist, nicht einmal weit genug. Überdies wurde diese Reform von den Kommunen, Provinzen und Regionen, gleich ob Mitte-Links- oder Mitte-Rechts-regiert, mitgetragen. Die damalige Mitte-Rechts-Opposition des „Pols der Freiheiten" selbst aber war tief gespalten in dieser Frage und hatte noch beim Referendum im Oktober 2001 keine einheitliche Position zustande gebracht. Heute herrscht dagegen nicht nur ein extremer Dissens zwischen Regierung und Opposition in bezug auf den Reformvorschlag der Regierung Berlusconi II zur Umgestaltung des Staates, sondern auch das gesamte subnationale politische System spricht sich gegen das Reformgesetz No. 2544 aus und kritisiert die Reform als handfesten Angriff auf die italienische Demokratie.[72] Nicht einmal in der Regierungskoalition selbst gibt es Klarheit über die Reform, wie die Unzahl an im Parlament eingebrachten Änderungsanträgen aus dem eigenen Lager, die zum Teil in vollkommen verschiedene Richtungen gehen, bestätigt. Wichtiger als die Methodik ist jedoch der Inhalt der Verfassungsreform, denn man könnte das Vorgehen der Regierung Berlusconi noch damit legitimieren, daß die drei bisher gescheiterten Anläufe ja zeigen, daß anders eine Beendigung des nun schon knapp 12 Jahre währenden Transformationsprozesses nicht zu erreichen und die Dauerkrise des politischen Systems Italiens nur auf diese Weise, d.h. im Alleingang, zu lösen ist. Zumal sich das Reforminstrument der Volksabstimmungen indes verbraucht hat, nachdem es überreichlich benutzt wurde. Bislang waren es eben nur exogene Faktoren bzw. exogene Schocks, die in Italien grundlegende Veränderungen möglich gemacht haben. Das politische System selbst hat sich hingegen hierzu nicht in der Lage gezeigt.[73] Neben den Referenden sind die bisher erreichten Veränderungen vor allem der Justiz zu verdanken, die den Schmiergeldstaat der ersten Republik offen legte und damit das alte Parteiensystem zu Fall brachte, sowie den Zwängen der Europäischen Wirtschafts- und Währungsunion, welche eine neue Haushaltpolitik erzwang und dem bis dato in Italien praktizierten System der Herstellung gesellschaftlichen Konsenses durch finanzielle „Geschenke" – auf Kosten einer immensen Staatsverschuldung – ein abruptes Ende bereitete. Insofern scheint eine Verfassungsreform mit einfacher Mehrheit legitim, insbesondere deshalb, weil ja eine abschließende Volksabstimmung *conditio sine qua non* ist und der „Souverän" entscheiden kann, ob er damit einverstanden ist oder nicht. Diese Argumentation scheint einleuchtend, ist aber nicht nur gefährlich, sondern auch unzutreffend, wie im folgenden noch

---

[72] Aus Protest gegen das kompromißlose Vorgehen und die insgesamt konfrontative Haltung der Regierung ließen die Regionen am 04. März 2004 die gemeinsame ständige „Konferenz Staat-Regionen-lokale Gebietsköperschaften", eines der zentralen Koordinationsorgane im italienischen Mehrebenensystem, durch ihre Nicht-Teilnahme platzen.

[73] Bei den im Jahr 2000 zuletzt durchgeführten sieben Abstimmungen (ursprünglich waren 30 beantragt worden, die meisten wurden aber vom Verfassungsgericht nicht zugelassen) war wegen mangelnder Beteiligung der Bevölkerung nicht ein einziges Referendum mehr angenommen worden.

deutlich werden wird. Doch zunächst einmal zu den Inhalten des Verfassungsgesetzes No. 2544.

4.1 Das Parlament

Seit langem besteht in Italien Konsens darüber, daß das vollendete Zweikammersystem, d.h. die absolute Gleichberechtigung beider Häuser des Parlamentes bei nahezu identischer Zusammensetzung und Wahlmodus, dysfunktional ist, da es nicht nur häufig zu Blockadesituationen führt, sondern das Gesetzgebungsverfahren insgesamt unnötig in die Länge zieht. Auch über die Notwendigkeit einer Verkleinerung der Abgeordnetenzahl beider Häuser, die vor allem von der Bevölkerung gefordert wird, besteht prinzipiell Einvernehmen. Um hier Abhilfe zu schaffen, schlägt das Reformgesetz No. 2544 – in der vom Senat in erster Lesung verabschiedeten Form – vor, die Abgeordnetenkammer (Art. 56 der italienischen Verfassung) von derzeit 630 auf 400 zu verkleinern, plus die 12 im sogenannten „Auslandswahlkreis" von den insgesamt 3,2 Mio. Itàlienern mit Wohnsitz außerhalb Italiens gewählten Parlamentarier. Dies ist im Prinzip die einzige Änderung bezüglich der Abgeordnetenkammer, denn die Wahl soll weiterhin als Direktwahl für den Zeitraum von fünf Jahren nach dem bisher geltenden Mehrheitssystem erfolgen, und auch die Altersgrenze für das passive Wahlrecht, die erst mit dem vollendeten 25. Lebensjahr erreicht wird, bleibt unangetastet. Eine Absenkung des passiven Wahlalters auf das vollendete 18. Lebensjahr jedoch wäre hier im Sinne einer Verjüngung des Parlamentes und größeren Engagements junger Menschen in der Politik sicherlich angebracht gewesen. Bereits hier bezeugt der Gesetzentwurf seine konservative Grundhaltung.

Die eigentlichen Reformen und Probleme betreffen die zweite Kammer (Art. 57). Die Umwandlung des Senats, der bislang im Grunde eine kleinere Kopie der Abgeordnetenkammer ist, in eine Kammer, welche die territoriale Vielfalt Italiens zum Ausdruck bringt, ist im Grundsatz unstrittig und war bereits von der letzten Mitte-Links-Regierung, im Anschluß an die Vergrößerung der Kompetenzen der Regionen, Provinzen und Kommunen durch die Verfassungsreform 2001, als zweiter Schritt zur Realisierung einer föderalen Struktur der italienischen Staatsorganisation geplant. Die konkrete Gestalt des neuen, föderalen Senats ist aber umstritten. Während die Regionen einstimmig einen Senat nach dem Modell des deutschen Bundesrates fordern, favorisieren viele lokale Gebietskörperschaften eine gemeinsame Repräsentanz aus Regionen sowie Vertretern von Provinzen, Städten und Gemeinden. Diese Forderung geschieht unter Rückgriff auf die traditionell polyzentrische Struktur Italiens und die große Rolle, welche die lokale Ebene in diesem Land von jeher spielt. Auf der anderen Seite gibt es, wie die zahlreichen im Parlament eingebrachten Gesetzentwürfe zeigen, über die Fraktionsgrenzen des Parlamentes hinweg starke Bestrebungen, einen Senat nach US-Vorbild zu schaffen, bestehend aus in den 20 italienischen Regionen direkt gewählten Vertretern. Auch eine gemischte Zusammensetzung, d.h. sowohl aus Vertretern der Regionen und lokalen Gebietskörperschaften als auch direkt gewählten Senatoren – orientiert am spanischen Senat – findet als Kompromiß zahlreiche Befürworter.[74] Der Gesetzentwurf der Regierung Berlusconi II ist nun jedoch die schlechteste aller denkbaren Lösungen. Das einzig föderale an diesem, von der Mitte-Rechts-Koalition geplanten Senat ist sein Name: *„Senato federale della Repubblica"* (Art. 55). Der Senat soll nur unwesentlich verkleinert werden, von derzeit 315 Mitglieder auf zukünftig 200, plus sechs Senatoren des Auslandswahlkreises, ergänzt um maximal drei Senatoren auf Lebenszeit, womit man bei 209 Senatoren wäre.[75] Als Territorialvertretung ist diese Kammer offensichtlich viel zu groß für ein Land mit 57,4 Mio. Einwohnern und der geringen Fläche Italiens. Der geplante neue Senat ist ohne wirklich signifikante territoriale Komponente, die ihn vom aktuellen Senat unterscheiden würde. Die „Wahl des Senats auf regionaler Basis" gibt es bereits in der aktuellen Verfassung (Art. 57). Es gibt im bisherigen Reformvorschlag lediglich zwei Klauseln, die eine gewisse Bindung zur subnationalen Ebene schaffen sollen. Zum einen die Bestimmung, wonach der Senat vom Jahr 2011 an zeitgleich mit den 20 Regionalräten gewählt werden soll. Im Falle der vorzeiti-

---

[74] Insbesondere die Mitte-Links-Gruppierungen sind dafür, die Regionspräsidenten und die Bürgermeister der großen Städte sowie weitere kommunale Vertreter mit in den Senat zu nehmen, eine Idee, die im übrigen schon 1946-47 in der verfassungsgebenden Versammlung diskutiert wurde.

[75] Dabei darf keine Region mit weniger als fünf Senatoren vertreten sein, mit Ausnahme der beiden kleinsten, nämlich Molise mit zwei Senatoren und Valle d'Aosta mit nur einem Senator. Beschlüsse des Senats sollen nur dann gültig sein, wenn bei der Abstimmung zwei Fünftel der Mitglieder des Senats und zugleich Senatoren aus mindestens einem Drittel der Regionen anwesend sind (Art. 64).

gen Auflösung eines Regionalrates muß dieser neu gewählt werden und bleibt nur bis zum Ende der Legislaturperiode des Senats tätig. Selbst diese Regelung wurde innerhalb des Mitte-Rechts-Lagers nur unter größten Mühen erreicht, die Opposition stimmte im Senat geschlossen dagegen. Zum anderen die Klausel, wonach zum Senator bzw. zur Senatorin nur gewählt werden kann, wer auf lokaler oder regionaler Ebene bereits öffentliche Wahlämter bekleidet hat, bereits Senator, Abgeordneter auf nationaler Ebene oder in einem Regionalrat gewesen ist oder aber – und das ist ein besonders schwacher Punkt (eingeführt von der zuständigen Senatskommission) – auch nur seinen Wohnsitz zum Zeitpunkt der Ausschreibung der Wahl in der jeweiligen Region hat, in der er zur Wahl antritt (Art. 58). Dies legt den Verdacht nahe, daß hier eher ausgemusterten Lokalpolitikern zu einem neuen Posten verholfen werden soll[76] als tatsächlich eine föderale zweite Kammer zu schaffen, zumal das passive Wahlrecht beim vollendeten 40. Lebensjahr bleiben soll (der ursprüngliche Regierungsvorschlag sah eine Absenkung auf 25 Jahre vor) und ein Verbot des imperativen Mandats besteht (Art. 67). Erst in der Plenarabstimmung des Senats konnten in das Gesetzesvorhaben der Regierung Berlusconi II nachträglich zwei Absätze eingefügt werden, welche die schwache Bindung zwischen Senat und Regionen durch das „Berufspolitikertum" geringfügig erweitern und verbessern sollen: Der eine enthält das Rederecht jedes Regions- und Regionalratspräsidenten im Senat sowie umgekehrt das Rederecht jedes Senators im Regionalrat der Region, in der er/sie gewählt wurde (Art. 57, Abs. 4). Der andere Absatz enthält die Klausel, daß Senat und Regionen gehalten sind, „Beziehungen der wechselseitigen Information und Zusammenarbeit zu unterhalten" (Art. 57, Abs. 3).

Im Senat soll es, entsprechend seiner zumindest nominell föderalen Funktion, zukünftig keine Vertrauensabstimmung mehr geben, da er Willensbildungsorgan des Bundes und der Nation ist und insofern keine Bindung zum Premier und seiner Mehrheit besteht. Gleichzeitig dürfte der Senat in der Praxis aber angesichts seiner Zusammensetzung sehr wohl als überwiegend politische Kammer agieren. Denn je größer eine zweite, direkt gewählte (Territorial-)Kammer ist, desto stärker wird sie in der Regel parteipolitisch durchdrungen, d.h. parteipolitische Logik dominiert territoriale Logik, was schließlich auch eine zentrali-

---

[76] Bürgermeistern in Gemeinden mit mehr als 3.000 Einwohnern sind gesetzlich maximal zwei Amtsperioden gestattet.

stische Tendenz in der Gesetzgebung zur Konsequenz haben dürfte.[77] Zugleich besteht nicht länger die Möglichkeit einer politischen „Disziplinierung" des Senats, d.h. mit jedem einzelnen Senator müßte im Zweifelsfall verhandelt werden. Damit könnten die Senatoren zu äußerst einflußreichen Politikern werden, welche diese Machtposition jedoch weniger im Sinne einer Vertretung wahrhaft territorialer Interessen nutzen dürften als vielmehr parteipolitisch und zur Begünstigung bestimmter örtlicher, politisch nahestehender Klientel. Mit anderen Worten: Eine personalisierte, parteipolitische Mittlerfunktion wäre die Folge. Ob dies angesichts einer noch immer in Italien verbreiteten politischen Kultur des Nepotismus wünschenswert ist, ist lediglich eine rhetorische Frage. Auch das Festhalten an den Senatoren auf Lebenszeit, welche vom Staatspräsidenten aufgrund ihrer sozialen, wissenschaftlichen, künstlerischen oder literarischen Verdienste ernannt werden können (zudem ist jeder ehemalige Staatspräsident automatisch Senator auf Lebenszeit), muß verwundern. Man fragt sich, was das mit dem Föderalismus zu tun hat? Gleiches gilt für den Auslandswahlkreis. Beides bezeugt das Fehlen einer föderalen Grundüberzeugung und einen ungebrochenen Traditionalismus. An der Amtszeit der Senatoren wird ebenfalls nicht gerüttelt, die Legislaturperiode soll nach wie vor – wie in der Abgeordnetenkammer auch – fünf Jahre dauern. Statt dessen wollte die Regierung Berlusconi jedoch wieder zum reinen Verhältniswahlrecht, das erst 1993 mühsam per Referendum abgeschafft wurde, zurückkehren. Dieses sollte sogar in der Verfassung festgeschrieben werden, was jedoch vom Senat in der Plenarabstimmung abgelehnt wurde, so daß der Wahlmodus auch in Zukunft per einfachem Gesetz zu regeln ist. Daß die Reform des Senats schwierig sein würde, war von Beginn an klar, denn dieser müßte bei einer Fundamentalreform (etwa im Sinne der Schaffung einer reinen Länderkammer) gewissermaßen sein eigenes Ende beschließen. Der Wille hierzu ist offensichtlich nicht groß, geht es doch um den eigenen Posten als Senator/in. Das Unterfangen gleicht deshalb dem Umzug eines Friedhofes, bei dem man auf die Mithilfe der Betroffenen setzt. Wissenschaftlich gesprochen handelt es sich um ein Reformparadoxon, d.h. die Adressaten der Reform sind die Reformer selbst. Die offensichtliche Unfähigkeit oder der mangelnde Wille, den Senat tatsächlich zu einer Kammer der Regionen zu machen,

---

[77] Vgl. Roberto Bin: Lorenzago: scoutismo o furbismo?, 10. September 2003, http://www.astrid-online.it/Dossier--r/I-primi-co/Bin-R_Lorenzago.pdf.

wiegt schwer. Der Senat in seinem geplanten Zuschnitt aber widerspricht föderalen Grundprinzipien, wonach die untergeordnete Ebene auf der nächst höheren an Entscheidungsverfahren in sie betreffenden Fragen vertreten sein muß.[78] Das dürfte zur Folge haben, daß die seit 1988 als ständiges Gremium bestehende und stetig in ihrer Bedeutung aufgewertete „Staat-Regionen-Konferenz" weiterhin das zentrale Gremium in der Konzertierung und Verhandlung zwischen Staat und Regionen bleibt und die „Konferenz der Regionspräsidenten" unverändert das entscheidende Organ für die Abstimmungs- und Entscheidungsprozesse der Regionen untereinander sein wird.[79] Damit wird der Senat seiner eigentlichen Verbindungsfunktion beraubt, die föderalen politischen Prozesse werden sich folglich in verschiedenen Institutionen vollziehen und sich dementsprechend äußerst komplex gestalten.[80] Mehr noch: Es kann zu erheblichen Friktionen kommen. So könnte der Senat politische Entscheidungen verhindern, selbst wenn die Regionen mit der Regierung übereinstimmen. Umgekehrt haben die Regionen

---

[78] Versuche des zuständigen Ausschusses I des Senats, der *Lega Nord* sowie der Mitte-Links-Parteien, die Präsidenten der Regionen und der Regionalräte über entsprechende Änderungsanträge doch noch mit in den Senat zu nehmen, sind bislang gescheitert. Die Konferenz der Regionspräsidenten klagt jedoch dringend eine entsprechende Änderung im weiteren parlamentarischen Verfahren ein; vgl. die sonstigen Forderungen und Verbesserungsvorschläge der Regionen näher im entsprechenden Positionspapier vom 10. März 2004 unter:
http://www.regioni.it/fascicoli_conferen/Presidenti/2004/Marzo/04_03_04/DOCUMENTO SENATOFEDERALE.htm.

[79] Auch die lokalen Gebietskörperschaften und ihre Spitzenverbände (ANCI, UPI, UNCEM und *Lega delle autonomie*) üben dementsprechend scharfe Kritik an der geplanten Verfassungsreform, insbesondere der Senatsreform. Sie verlangen eine Berücksichtigung der lokalen Ebene und fordern darüber hinaus die verfassungsrechtliche Anerkennung der gemeinsamen Konferenz von Staat, Regionen und lokalen Gebietskörperschaften (*Conferenza unificata*) als Institution der Konzertierung und Verhandlung zwischen den politischen Ebenen in Italien.

[80] Auf Betreiben der *Lega Nord* waren für den Senat sogar zusätzlich „Kommissionen" bzw. „Koordinierungsversammlungen von Regionen" (*assemblee di coordinamento*) außerhalb des Senats vorgesehen (Art. 70*bis*), welche sich durch Übereinkunft zwischen mehreren Regionen konstituieren und beratende Funktion im Gesetzgebungsverfahren haben sollten, was letzten Endes auf eine Art neuer Parlamente von „Makro-Regionen" hinausgelaufen wäre. Dies hätte die bisherigen Regionalräte ein Stück weit entwertet. Damit wäre, gewissermaßen durch die Hintertür, zugleich das alte Projekt der *Lega Nord*, nämlich ein Parlament Norditaliens (*Il Parlamento della Padania*) zu schaffen, das ggf. als Sprungbrett für einen konföderalen Staat oder gar eine Unabhängigkeit Norditaliens dienen kann, in greifbare Nähe gerückt. Im Senat fand sich jedoch hierfür in erster Lesung keine Mehrheit.

keinerlei Garantie einer effektiven Vertretung ihrer Interessen im italienischen Parlament. Es kommt aber noch schlimmer: Aufgrund der vorgesehenen Übergangsbestimmung (Art. 35 des Reformgesetzes der Regierung, Abs. 1) soll der Senat seine neuen Funktionen bereits mit Beginn der nächsten Legislaturperiode übernehmen, also bereits 2006, seine geänderte Wahl und Zusammensetzung aber erst in der XVI. Legislaturperiode, d.h. im Jahr 2011 erfolgen. In den dazwischen liegenden Jahren würden sich die Regionen vollkommen in der Hand eines nach aktuellem Muster bipolarer Mehrheitslogik handelnden Senats befinden. Stefano Ceccanti, Professor für vergleichendes öffentliches Recht an der Universität *La Sapienza* in Rom, spricht deshalb gar von einem „Senat gegen die Regionen".[81]

Groß ist vor allem die Gefahr, daß das Verfassungsgericht dauerhaft mit jedem Kompetenzstreit und jeder politischen Meinungsverschiedenheit zwischen Staat und Regionen befaßt und letztlich überladen wird, wenn diese Konflikte wegen der fehlenden Ausgleichs- bzw. Integrationsfunktion, die eine zweite Kammer eben hat (ggf. mit einem Vermittlungsausschuß), nicht politisch kanalisiert und verarbeitet werden. Dies ist in der – mit der Verfassungsreform 2001 eröffneten – gegenwärtigen Transitionsphase zum Föderalismus bereits massiv der Fall, denn die Zahl der Kompetenzkonflikte zwischen Zentralstaat und Regionen ist bereits sprunghaft angestiegen (vgl. näher 4.5). Auch insofern muß der Senat eine wirkliche Vertretung der Regionen sein, sonst würde der unhaltbare aktuelle Zustand perpetuiert – mit einem absehbaren institutionellem Kollaps. Der Senat muß die bestehenden intergouvernementalen Einrichtungen zwischen Staat und dezentralen Gebietskörperschaften als zentrale Vermittlungsinstanz bzw. *Channeling-Institution* möglichst aufnehmen und ersetzen.[82]

---

[81] Vgl. Stefano Ceccanti: La riforma costituzionale in Aula: Senato inaccettabile, superPremier inesistente, 19. Januar 2004,
http://www.astrid-online.it/Dossier--r/I-primi-co/Ceccanti-S_La-riforma-costituzionale.pdf.

[82] Vgl. zur Entwicklung der intergouvernementalen Diskussions- und Koordinationseinrichtungen im italienischen Mehrebenensystem näher: Giovanni Di Cosimo: Dalla Conferenza Stato-Regioni alla Conferenza unificata (passando per la Stato-Città), in: *Le Istituzioni del Federalismo. Regione e Governo Locale*, Jg. XIX, No. 1/1998, S. 11-26; Walter Anello/Giovanni Caprio: I difficili rapporti tra centro e periferia. Conferenza Stato-Regioni, Conferenza Stato-Città-autonomie locali e Conferenza unificata, in: *Le Istituzioni del Federalismo. Regione e Governo Locale*, Jg. XIX, No. 1/1998, S. 47-61; Marco Cammelli:

Zugleich fragt man sich, ob es kohärent ist, die Regionspräsidenten direkt wählen zu lassen und sie mit entsprechend starker Legitimation zu versehen, ihnen aber dann jedwede Einflußmöglichkeit auf nationaler Ebene zu nehmen. Insofern widerspricht die geplante Senatsreform der bisherigen Logik und Anlage der gesamten Föderalismusreform. Negative Auswirkungen auf die Autorität der Regionspräsidenten, die gerade an Statur im politischen System Italiens gewonnen hatten, sind nicht auszuschließen. Umgekehrt würde jedoch bei einer Eingliederung der Regionspräsidenten in den Senat dessen Autorität und Legitimation deutlich erhöht. Der in der jetzigen Form geplante Senat dagegen wird den Zusammenhalt des gesamten vierstufigen Systems subnationaler Demokratie, bestehend aus Regionen, Großstadtregionen (*Città metropolitane*), Provinzen und Kommunen, weder garantieren noch die notwendige Harmonisierung von Vielfalt und unterschiedlichen Interessen herstellen können.

Für den Gesetzgebungsprozeß (Art. 70) ist eine komplizierte Dreiteilung der Zuständigkeiten beider Kammern vorgesehen, in (a) Sachbereiche, in denen Abgeordnetenkammer und Senat gleichberechtigt abstimmen, (b) Gesetze mit Vorrang des Senats und (c) Gesetze mit Vorrang der Abgeordnetenkammer.[83] In den beiden letztgenannten Fällen beginnt der Gesetzgebungsprozeß in einer der beiden Kammern, wobei die jeweils andere Kammer auf Verlangen von mindestens zwei Fünfteln ihrer Mitglieder (im ursprünglichen Regierungsvorschlag war die absolute Mehrheit vorgesehen) das Gesetz ebenfalls diskutieren und Änderungsvorschläge machen kann, die jedoch in der abschließenden dritten Lesung derjenigen Kammer, in deren eigentliche Kompetenz das Gesetzesvor-

---

I raccordi tra i livelli istituzionali, in: *Le Istituzioni del Federalismo, Regione e Governo Locale*, Jg. XXII, No. 6/2001, S. 1079-1102.

[83] Die Regionen fordern hier eine deutliche Vereinfachung des Art. 70, und zwar dahingehend, daß Abgeordnetenkammer und Senat gleichberechtigt in all den Sachgebieten abstimmen sollen, die den Zuständigkeitsbereich der Regionen nach Art. 117 betreffen. Zudem sollen beide Kammern gleichberechtigt in den folgenden Fragen abstimmen: (i) Finanzausgleich, (ii) grundsätzliche Funktionsweise von Kommunen, Provinzen und *Città metropolitane*, (iii) soziale und rechtliche Mindeststandards in ganz Italien, (iv) Koordinierungsgesetze nach Art. 118, Abs. 3, und (v) Wahlrecht für beide Häuser des Parlaments. Die Abgeordnetenkammer hingegen soll in allen übrigen Sachgebieten alleine zuständig sein, mit der Möglichkeit, daß der Senat auf Verlangen der Mehrheit seiner Mitglieder Änderungswünsche anmelden kann, die Abgeordnetenkammer aber in letzter Instanz über deren Annahme oder Ablehnung entscheidet, was dem deutschen Verfahren der sogenannten Einspruchsgesetze entspräche.

haben fällt, nicht berücksichtigt werden müssen. Die Abgeordnetenkammer ist dabei für alle Sachgebiete ausschließlicher Gesetzgebungsbefugnisse des Staates (gemäß Art. 117, Abs. 2) zuständig, wohingegen der Senat die Zuständigkeit für alle Bereiche konkurrierender Legislativkompetenz von Staat und Regionen erhält. Der Senat hat in diesem Zusammenhang die Entscheidungsgewalt zur Bestimmung der „allgemeinen Grundsätze", an welche die Regionen im Bereich der konkurrierenden Gesetzgebung von Staat und Regionen gebunden sind (Art. 117, Abs. 3). Die Sache hat jedoch einen Haken: So stimmen nämlich beide Kammern jedes Mal gleichberechtigt ab, wenn die Exekutive die Änderungsvorschläge, die das Abgeordnetenhaus gegenüber dem Senat macht, für grundlegend hält im Sinne einer Umsetzung ihres Regierungsprogramms und das Abgeordnetenhaus die fraglichen Änderungsanträge per Vertrauensfrage gegenüber dem Premierminister abgestimmt hat (Art. 70, Abs. 2). Damit jedoch würde praktisch die Kompetenz des Senats ausgehöhlt. Nach bisherigem Muster, d.h. vollkommen gleichberechtigt, sollen beide Häuser außerdem über sämtliche Finanzfragen, das Wettbewerbsrecht, über die grundlegende Funktionsweise der lokalen Gebietskörperschaften, das Wahlrecht für beide Kammern und die Garantie der Grundrechte in ganz Italien entscheiden (Art. 70, Abs. 3). Wird nach jeweils einer Lesung eines Gesetzentwurfes keine Einigung erzielt, ist von den Präsidenten beider Kammern ein paritätisch besetzter Vermittlungsausschuß einzuberufen, welcher nach deutschem Muster einen Vorschlag zu erarbeiten hat, der hernach nach geschlossener Regel, d.h. mit einfachem „ja" oder „nein", nochmals in beiden Häusern abgestimmt wird. Nach der vorgesehenen Kompetenzverteilung zwischen Senat und Abgeordnetenkammer müßten jedoch schätzungsweise über 90% aller Gesetze auch in Zukunft von beiden Kammern beschlossen werden, und der bislang langwierige Gesetzgebungsprozeß würde damit nur unwesentlich beschleunigt, wenn überhaupt. Eine wirkliche Aufgabentrennung und damit ein tatsächliches Ende des vollendeten Zweikammersystems ist nicht erkennbar. In diesem Kontext steht auch die vorgesehene gleichzeitige Einberufung beider Kammern, die obsolet wäre, wenn beide Kammern tatsächlich ganz unterschiedliche Rollen spielen würden (Art. 62, Abs. 2). So ist der neue Senat weder Ausdruck der Einheit in der Vielfalt noch aber ist seine Garantiefunktion als institutionelles Gegengewicht zur politischen Mehrheit in der Abgeordnetenkammer und vor allem dem starken Premierminister (vgl. näher 4.2) wirklich gesichert. Besonders problematisch ist diesbezüglich die beabsichtigte Regelung, wonach die Frage, ob ein Gesetz nur von der Abgeordnetenkammer oder aber von beiden Häusern zu beschließen ist, der Entscheidung der Präsidenten der Kammern überlassen wird. Diese können ggf. ein achtköpfiges Gremium, zusammengesetzt aus vier Senatoren und vier Abgeordneten – entsprechend der Anzahl der Sitze der Fraktionen – mit dieser Entscheidung betrauen. Nicht nur, daß in dem bisherigen Gesetzesvorschlag nicht geregelt ist, was passiert, wenn keine Einigung zustande kommt. Da beide Parlamentspräsidenten mit einfacher Mehrheit gewählt werden sollen und die Einschaltung des geplanten paritätischen Vermittlungsausschusses, bestehend aus vier Senatoren und vier Abgeordneten, nicht obligatorisch ist, werden die Präsidenten beider Kammern in der Regel der Regierungsmehrheit angehören und somit möglicherweise, je nach parteipolitischer Zweckmäßigkeit, die eine oder andere Kammer über bestimmte Gesetzinitiativen entscheiden lassen. Der Willkür scheint hier ein Einfallstor geschaffen. Eine solche Regelung würde in jedem Falle die Erhöhung des Quorums für die Wahl der Präsidenten der beiden Kammern voraussetzen, d.h. eine besonders qualifizierte Mehrheit. Gleiches gilt für die Geschäftsordnungen von Abgeordnetenkammer und Senat. Angesichts des an den Tag gelegten Demokratieverständnisses der derzeit in Italien regierenden Mitte-Rechts-Koalition, welche sich zum Grundsatz gemacht hat, daß die durch den Wählerauftrag bei den Parlamentswahlen erhaltene Mehrheit zu jedweder Maßnahme und Durchsetzung der eigenen politischen Interessen berechtigt, stellt sich in der Tat die Frage, ob hier nicht ebenfalls eine größere Hürde als eine einfache Mehrheit notwendig ist (Art. 64).[84] So ist es bekanntermaßen etwa im Deutschen Bundestag formal ebenfalls möglich, daß die Parlamentsmehrheit im Alleingang die Geschäftsordnung ändert, doch hat die politische Kultur in der Vergangenheit solches verhindert, und Modifikationen werden in der Regel nur unter dem größtmöglichen Konsens vorgenommen. Abweichungen von der

---

[84] In der Plenarabstimmung des Senats wurde die notwendige Mehrheit für die Änderung der Geschäftsordnung im Abgeordnetenhaus auf drei Fünftel der abgegebenen Stimmen heraufgesetzt (Art. 64). Die nachträglich eingefügte Klausel des Art. 64, wonach der Opposition das Recht zugesichert wird, den Vorsitz in einigen Parlamentsausschüssen übernehmen zu dürfen, ist nur eine schwache Garantie.

Geschäftsordnung im Einzelfall sind im Bundestag zudem nur mit Zweidrittelmehrheit möglich, im Bundesrat sogar nur per einstimmigem Beschluß. Vor
dem genannten Hintergrund der in Italien von der Mitte-Rechts-Regierung jedoch praktizierten politischen (Un-)Kultur des „Rechtes der Mehrheit" ist auch
die vorgesehene Regelung nach Art. 64, Abs. 5 möglicherweise nicht viel wert,
welche vorsieht, daß die Geschäftsordnung die „Rechte der Opposition in jeder
Phase des parlamentarischen Verfahrens" garantiert, da es eben der Mehrheit
überlassen sein kann, diese Rechte bzw. ihre Reichweite zu definieren.

Der Senat soll schließlich doch noch einige wichtige Aufgaben erhalten.
Neben der Wahl von fast der Hälfte der Verfassungsrichter (vgl. 4.4) und acht
Mitgliedern des höchsten richterlichen Selbstverwaltungsorgans CSM (*Consiglio Superiore della Magistratura*)[85] geht es dabei um eine für die Autonomie der
Regionen zentrale Entscheidungskompetenz: nämlich die Entscheidung darüber,
ob aufgrund eines festgestellten „nationalen Interesses" Eingriffe in die regionale Gesetzgebungskompetenz zulässig sind. In der neuen Fassung des Art. 127
soll die Regierung, wenn sie der Meinung ist, daß ein bestimmtes Gesetz dem
„nationalen Interesse der Republik schadet oder dieses beeinträchtigt", den Senat anrufen können, welcher das Gesetz hieraufhin prüft und ggf. mit absoluter
Mehrheit an die Region (unter Kenzeichnung der beanstandeten Passagen) zu-
rückverweist. Nimmt die betreffende Region innerhalb von 30 Tagen keine entsprechende Gesetzesänderung vor, dann kann der Senat den Staatspräsidenten
ersuchen, das fragliche Gesetz zu annullieren. Dieser hat dann die Möglichkeit,
das Gesetz aufzuheben. Im Ergebnis bedeutet dies, daß es zukünftig allein dem
Ermessen des Senats obliegt, ob in bestimmten politischen Sachgebieten eine
einheitliche, nationale Regelung erforderlich ist und er die Legislativkompetenzen der Regionen entsprechend einschränkt. Das Kriterium des „nationalen Interesses" war durch die Verfassungsreform 2001 ganz bewußt von der ehemaligen Mitte-Links-Regierung abgeschafft und durch das Recht des Staates zur
„Bestimmung von Mindeststandards bei den bürgerlichen und sozialen Grundrechten" bzw. durch das Recht zur Festlegung sogenannter „allgemeiner Grundsätze" (*principi fondamentali*) im Bereich der konkurrierenden Gesetzgebung
ersetzt worden, weil das „nationale Interesse" in der Vergangenheit von Rom

---

[85] An dieser Wahl sind nun erstmals auch die Präsidenten der Regionen zu beteiligen. Bislang
erfolgte die Wahl von beiden Kammern gemeinsam und ohne Einbeziehung der Regionen.

dazu benutzt worden war, um eine maximale Zentralisierung staatlicher Politik durchzusetzen.[86] Nun soll es also durch die Regierungsinitiative Berlusconi II wieder eingeführt werden, und das sogar in verschärfter Form. Unabhängig von dieser neozentralistischen Stoßrichtung wäre die Klärung der Frage des Bestehens oder Nicht-Bestehens eines „nationalen Interesses" beim Verfassungsgericht besser aufgehoben als beim Senat und dem Staatspräsidenten, insbesondere dann, wenn man ein zweites Gremium innerhalb des Verfassungsgerichts nur mit diesen Fragen betrauen würde. Noch effektiver wäre es wohl, da es sich im Grunde um eine politische und keine juristische Frage handelt, die Frage der Notwendigkeit einer Wahrung der rechtlichen und wirtschaftlichen Einheit Italiens von beiden Kammern gemeinsam entscheiden zu lassen, mit jeweils mindestens absoluter, ggf. qualifizierter Mehrheit. Ein Vermittlungsausschuß beider Kammern wäre vielleicht die geeigneteste Lösung. Da – wie gesehen – der Senat nicht wirklich eine Interessenvertretung der Regionen ist, bedeutet die Betrauung des Senats mit der Frage des „nationalen Interesses" jedenfalls keinerlei Garantie für die Regionen und lokalen Gebietskörperschaften. Im Gegenteil: Es besteht vielmehr die dauerhafte Gefahr einer Zensur bzw. ständigen Kontrolle regionaler Gesetzgebung durch den Senat infolge des Obsiegens politischer Beweggründe im engeren Sinne über wirklich grundsätzliche, national notwendige Entscheidungen. Die Erfahrung mit der „Rahmengesetzgebung" in Italien, mit Hilfe derer der Zentralstaat in der Vergangenheit stets bis ins kleinste Detail alles zu regeln versuchte, so daß den Regionen so gut wie kein Spielraum mehr für eine eigene Gesetzgebung blieb, zeigt, daß diese Befürchtung alles andere als unbegründet ist. Damit könnte der Senat wirklich zu einer „Kammer gegen die Regionen" werden. Außerdem gilt diese Kompetenz nicht erst ab 2011, d.h. mit neuer Zusammensetzung des Senats, sondern bereits in der kommenden Legislaturperiode, was letztlich das Tor für eine Rückkehr des Zentralismus weit öffnet. Insgesamt hat die zuständige Kommission I des Senats versucht, einige Abmilderungen bei den von der Regierung in ihrem Textentwurf vorgeschlagenen Regelungen herbeizuführen. Das ist aber nur bedingt gelungen. Kurzum: Mit dem vorliegenden Gesetzesvorschlag sind nicht nur Konflikte zwischen bei-

---

[86] Vgl. hierzu eingehender Giuseppe Caia: Il problema del limite dell'interesse nazionale nel nuovo ordinamento, in: Carlo Bottari (Hg.): La riforma del Titolo V, parte II della Costituzione, Bologna 2003, S. 135-153.

den Häusern des Parlamentes vorprogrammiert, sondern auch erhebliche Konflikte zwischen Staat und Regionen (vgl. näher den Abschnitt 4.5).

4.2 Der Premierminister

Der zentrale Punkt der geplanten Verfassungsreform ist zweifellos die Rolle des Ministerpräsidenten. Seit Jahren gibt es Bestrebungen auf beiden Seiten des politischen Spektrums, die Stellung des Ministerpräsidenten im Verfassungssystem zu stärken. Tatsächlich wurde durch verschiedene Reformen des Präsidialamtes und der Ministerien (Gesetzesdekrete No. 300 und No. 303/1999) seine Handlungskompetenz in den letzten drei Jahren bereits verbessert.[87] Auch war eine grundsätzliche Einigung über eine Verfassungsreform in dieser Frage bereits in der letzten Zweikammer-Kommission von 1997, deren Vorsitz der damalige (P)DS-Chef Massimo D'Alema geführt hatte, erzielt worden. Dabei wurde lange über die Möglichkeit eines Systemwechsels diskutiert, von der parlamentarischen Demokratie zu einer präsidentiellen oder semipräsidentiellen, d.h. einer Regierungsform nach US-Vorbild oder französischem Muster. Der Präsidentialismus war vor allem lange das erklärte Ziel Berlusconis und seiner Bundesgenossen des Mitte-Rechts-Lagers, während die jetzige Opposition mehrheitlich die Beibehaltung der parlamentarischen Regierungsform mit einer „Kanzler-Lösung" nach deutschem Vorbild anstrebte, sich in Teilen aber auch einer semipräsidentiellen Lösung gegenüber aufgeschlossen zeigte. Auch wenn die Fragen von Staats- und Regierungsform im Grunde nur sehr bedingt etwas miteinander zu tun haben, forderte Berlusconi stets als Ausgleich zur Föderalisierung Italiens eine starke Exekutive. Das Bündnis zwischen *Forza Italia* und der *Lega Nord* fußt im wesentlichen genau auf diesem Tauschhandel: „Föderalismus gegen starken Regierungschef".[88]

Die nun im Verfassungsentwurf 2544 präsentierte Lösung nimmt zwar nominell Abschied vom Präsidentialismus, nicht aber vom Ziel eines ausnehmend

---

[87] Vgl. für eine entsprechende Analyse dieser Reformen ausführlich Alessandro Pajno/Luisa Torchia: La riforma del governo. Commento ai decreti legislativi n. 300 e n. 303 del 1999 sulla riorganizzazione della presidenza del consiglio dei ministri, Bologna 2000.

[88] Vgl. in diesem Sinne kritisch Agazio Loiero: Il patto di ferro. Berlusconi, Bossi e la devolution contro il Sud con i voti del Sud, Roma 2003.

mächtigen Regierungschefs. Im Gegenteil: Seine Macht ist weniger offensichtlich als bei einem „Präsidenten", aber nicht weniger effektiv. Die geplante Regierungsform ist neo-parlamentarisch, indem zwar nach wie vor im Grundsatz ein „Vertrauensverhältnis" zwischen Parlament und Regierungschef besteht, dieser jedoch nicht mehr vom Parlament gewählt wird. Statt dessen avanciert der Spitzenkandidat des bei der Wahl zur Abgeordnetenkammer (durchzuführen nach dem Mehrheitssystem) siegreichen politischen Bündnisses automatisch zum Regierungschef und wird (nach Art. 92, Abs. 2 u. 3) nur noch formell vom Staatspräsidenten hierzu ernannt. De facto ist dies eine Direktwahl. Dabei wird aus dem bisherigen Ministerpräsidenten (*Presidente del Consiglio dei Ministri*) ein Premierminister (*Primo Ministro*) mit umfassenden Vollmachten (Art. 92-96). Die Gesetzinitiative reklamiert zwar in ihrem Erklärungsteil den Bezug auf das britische Modell, doch dies ist nur in Teilen zutreffend. So ist der neue italienische Premierminister praktisch nicht absetzbar und hat die ihn stützende parlamentarische Mehrheit fast vollkommen in der Hand, indem er ein permanentes Recht zur Auflösung des Parlamentes besitzt, auch ohne konkreten Anlaß, wie etwa eine gescheiterte Vertrauensfrage (Art. 88). Der Staatspräsident *muß* der entsprechenden Entscheidung des Premiers nachkommen, er hat keinerlei Ermessensspielraum. In Deutschland *kann* der Bundespräsident bekanntermaßen auf entsprechendes Ersuchen des Bundeskanzlers das Parlament auflösen, muß es aber nicht, wobei eine vorangegangene gescheiterte Vertrauensabstimmung stets Voraussetzung für das Ersuchen des Kanzlers um Auflösung des Bundestages ist (Art. 68 GG). Der geplante italienische Premierminister kann zu jedem Zeitpunkt jedes Gesetz mit der Vertrauensfrage verknüpfen, wobei ein Scheitern automatisch die Auflösung des Parlamentes bedeutet. Einzige Einschränkung ist die Bestimmung, wonach dies höchstens alle 12 Monate geschehen darf (Art. 88). Damit sind wir auch schon bei einem wesentlichen Unterschied des geplanten italienischen Systems zum Westminster-Modell: Wenn das britische Parlament seinem Premier das Vertrauen entzieht, dann muß der Premier zurücktreten und die Mehrheit bestimmt einen Nachfolger, ohne automatische Parlamentsauflösung. In der neuen Verfassung Italiens aber müssen beide, der Premier und das Parlament ihren Hut nehmen. Auch kann der britische Premier nur unter bestimmten politischen Voraussetzungen vorschlagen, das Parlament aufzulösen, nicht nach Belieben, wie nun in Italien vorgesehen. Im Vereinigten Königreich erfolgt die Parlamentsauflösung in der Regel nur dann, wenn der Premier hierfür eine Mehrheit in seiner Partei hat. Darüber hinaus sieht der Gesetzentwurf der Regierung Berlusconi II zwar ein vom Parlament initiiertes Mißtrauensvotum vor, wenn es von mindestens einem Fünftel der Parlamentarier eingebracht wird und die absolute Mehrheit der Abgeordneten für den Antrag stimmt, doch auch in diesem Fall folgt hieraus unmittelbar eine Auflösung des Parlamentes (Art. 94, Abs. 3).

Aus den in Italien geplanten Bestimmungen resultiert letztlich ein System eines Parlamentes am Gängelband eines „absoluten Premiers", der das Parlament bei der Verweigerung der Gefolgschaft mit Auflösung bedrohen kann. Nur in wenigen Ausnahmefällen ist ein anderer Premierminister als der ursprünglich gewählte möglich, nämlich bei Rücktritt oder Tod des Premiers oder seiner dauerhaften Dienstunfähigkeit. In diesen Fällen kann der Staatspräsident, unter Berücksichtigung des Wahlergebnisses der letzten Parlamentswahlen, einen neuen Premier ernennen. Durch den erfolgreichen Änderungsantrag der Kommission I des Senats wurde schließlich eine Abmilderung der Auflösungsklausel der Abgeordnetenkammer vorgesehen, indem der Automatismus der Auflösung auf Verlangen des Premiers eingeschränkt wurde, sofern binnen 10 Tagen ein von der bisherigen (absoluten) Mehrheit unterzeichneter Antrag der Abgeordneten vorliegt, das bisherige Regierungsprogramm mit einem anderen, im Antrag genannten Premierminister fortführen zu wollen. Eine in vielen Demokratie praktizierte Lösung, daß sich während einer Legislaturperiode eine andere Mehrheit bilden kann, mit einem anderen Premier, aber innerhalb eines Jahres nach einem solchen Regierungswechsel die Wähler erneut an die Urnen gerufen werden müssen, wäre hier möglicherweise aber noch sinnvoller. Ein konstruktives Mißtrauensvotum ohne Neuwahl binnen eines Jahres scheint dagegen wenig ratsam, angesichts der im Unterschied zu Deutschland ungleich weniger stabilen Parteienlandschaft und des „unvollendeten Bipolarismus". Ständige Regierungswechsel wären wohl vorprogrammiert.

Hintergrund des offenkundig starken Wunsches nach einer möglichst stabilen Regierung und nach einem starken Regierungschef ist die in der Tat negative italienische „Tradition" ständiger Regierungsstürze durch das Parlament, was in der Vergangenheit dazu führte, daß Regierungen an die Macht kamen, die kaum oder in keiner Weise mehr den Willen des Wahlvolkes bei den jeweils letzten Parlamentswahlen widerspiegelten. Exakt in diesem Kontext steht das bereits praktizierte Mehrheitswahlrecht, das nun durch die explizite Nennung des Spitzenkandidaten im Sinne größerer Transparenz und Unmittelbarkeit zwischen Wählerauftrag und tatsächlicher Regierung zu mehr Demokratie führen soll. So soll eine direkte Legitimation des Premiers durch das Volk erreicht werden. Das daraus implizit abgeleitete Recht zur Auflösung des Parlamentes durch den Regierungschef, das stets dem Zweck dient, die Regierungsfähigkeit zu garantieren, wird im vorgelegten neuen Verfassungstext der Mitte-Rechts-Koalition jedoch so weit getrieben, daß das Parlament letztlich in der Freiheit seiner Gesetzgebungstätigkeit ausgehebelt wird. Der Verfassungsrechtler Leopoldo Elia sprach dementsprechend bereits von „Chef-Demokratie".[89] Hierzu muß man wissen, daß der Gebrauch des Mittels der Vertrauensfrage bereits im derzeit gültigen Verfassungsrahmen Alltag ist. Darin unterscheidet sich die Regierung Berlusconi II übrigens nicht wesentlich von ihren Vorgängern. So ist die beabsichtigte maximale Auflösungskompetenz des Premierministers unter demokratischen Aspekten als höchst problematisch zu bewerten. Es gilt zu bedenken, daß präsidentielle Regierungssysteme (etwa die USA) auf starken Gegengewichten fußen, insbesondere einem von der Exekutive unabhängigen Parlament. Das von der Regierung Berlusconi II gewünschte System jedoch bündelt die Macht in der Figur des Premierministers bei gleichzeitiger Abhängigkeit des Parlamentes.

Auch jenseits der Auflösungsbefugnis wird die Position des italienischen Regierungschefs erheblich gestärkt, nämlich durch (a) das Recht auf die Ernennung und Entlassung seiner Minister, (b) das Recht zur Bestimmung der Regierungspolitik und (c) die ausdrückliche Leitungsbefugnis (neben der bereits bestehenden „Koordinierungskompetenz") gegenüber den einzelnen Ministerien (Art. 95, Abs. 1 u. 2). Zudem hat der Premier jedes Jahr einen Regierungsbericht über die Umsetzung des Regierungsprogramms und die Lage der Nation in der Abgeordnetenkammer zu präsentieren, welcher Arbeitsgrundlage und Orientierung für die den Premier stützende Parlamentsmehrheit ist, d.h. letztere wird gewissermaßen darauf verpflichtet – abermals per Vertrauensfrage!

---

[89] Vgl. Leopoldo Elia: Osservazioni sul disegno di legge costituzionale n. 2544, http://www.astrid-online.it/Dossier--r/I-primi-co/ELIA-Osservazioni-AS-2544.pdf (ohne Datum).

4.3 Der Staatspräsident

Die intendierte Reform des Amtes des Staatspräsidenten ist ebenfalls folgenreich. Seine Wahl soll in Zukunft angelehnt am deutschen Modell der Bundesversammlung erfolgen. Außer den Mitgliedern beider Kammern soll in diesem neuen, eigens einzuberufenden Wahlgremium ein größerer Anteil an Delegierten aus den Regionen teilnehmen. Diese sind von den jeweiligen Regionalräten zu wählen. Zu den schon bislang drei gewählten Vertretern aus jeder der 20 Regionen (Ausnahme: nur 1 Vertreter aus dem Aostatal), die den Staatspräsidenten bisher in gemeinsamer Sitzung beider Kammern des Parlamentes gewählt haben, soll pro 1 Mio. Einwohner jede Region weitere Delegierte entsenden können. Mindestens die Hälfte der Delegierten müssen dabei Bürgermeister sowie Präsidenten der Provinzen oder der großstädtischen Ballungsräume (*Città metropolitane*) sein. Seine Wahl für den Zeitraum von unverändert sieben Jahren soll weiter im fünften Wahlgang mit absoluter Mehrheit möglich sein, bei notwendiger Zweidrittelmehrheit in den ersten vier Wahlgängen. Die Mitte-Links-Opposition fordert dagegen eine Erhöhung des Quorums für die Wahl des Staatspräsidenten auch im letzten Wahlgang, um zu gewährleisten, daß dieser wirklich neutral ist.

Der positiven, aber marginalen Verbesserung im Sinne einer Verbreiterung des Wahlgremiums für die Bestimmung des Staatspräsidenten stehen jedoch zahlreiche Maßnahmen gegenüber, welche die Kompetenzen des Staatspräsidenten, der in Italien durch die Verfassung von 1948 durchaus einigen politischen Einfluß besitzt[90], auch und gerade im Prozeß der Regierungsbildung, stark beschneiden. Wie auch in Deutschland, sollen ihm überwiegend repräsentative Aufgaben belassen sein. Dabei weist der Gesetzentwurf dem Staatspräsidenten im neuen Art. 87, Abs. 1 aber ausdrücklich die Rolle des Garanten der Verfassung zu – ein ganz offensichtlicher Widerspruch. Vor allem in dem so stark von den Parteien geprägten politischen System Italiens hatte und hat der Staatspräsident bislang eine wichtige demokratische Garantiefunktion, die er vielfach nur wegen seiner tatsächlich vorhandenen Handlungskompetenzen erfüllen konnte. Er ist nicht nur eine moralische Instanz von größter Autorität, sondern fungiert auch als Kontroll- und Korrekturinstanz und bildet ein wichtiges institutionelles

Gegengewicht zu Legislative und Exekutive. Gerade mit Beginn des politischen Transformationsprozesses nach dem Ende der sogenannten ersten Republik hat sich gezeigt, wie essentiell die Rolle des Staatspräsidenten für das politische System Italiens ist. Zu seinen wichtigsten Befugnissen gehörten bislang das Recht zur Auflösung des Parlaments (Art. 89), eine umfassende Handlungskompetenz in Krisensituationen und sein aufschiebendes Veto gegen Gesetzentwürfe, das nur durch erneute Lesung und Mehrheitsabstimmung des Parlamentes aufgehoben werden kann (Art. 74). Von dem letztgenannten Recht machte beispielsweise Carlo Azeglio Ciampi am 05. Dezember 2003 Gebrauch, als er einem Mediengesetz der Regierung Berlusconi II, der sogenannten *legge Gasparri* (bezeichnet nach dem zuständigen Minister für Kommunikation) seine Unterschrift wegen verfassungsrechtlicher Bedenken, im Sinne einer Gefährdung des Rechtes auf Informationsfreiheit und des Medienpluralismus, verweigerte. Daraufhin sah sich die Regierung gezwungen, zumindest kleinere Änderungen am Gesetzestext vorzunehmen und das Gesetz im Frühjahr 2004 erneut zu verabschieden, wobei die Substanz des Gesetzes allerdings die gleiche geblieben ist, d.h. statt einer Neuordnung der Medienlandschaft im Sinne einer Dekonzentration kann Berlusconis Konzern *Mediaset* nun weiter expandieren, nicht zuletzt, weil der Werbemarkt zum abermaligen Nachteil der Printmedien neu aufgeteilt wird.

Besonders einflußreich hat sich die Rolle des Präsidenten bislang im Prozeß der Regierungsbildung erwiesen, denn er erteilt letztlich nach einer Reihe von politischen Konsultationen einem Parlamentsmitglied den Auftrag hierzu. Dabei hat es, zumal aus Sicht der Parteien, in der Vergangenheit manch unerwartete Entscheidung gegeben, die jedoch letztlich meist dem Wohle des Landes dienten. Hier sind etwa in den 1990er Jahren die Regierungen Dini und Ciampi zu nennen. Auch bei der Ernennung der Minister auf Vorschlag des Ministerpräsidenten hat der Staatspräsident gewisse Einwirkungsmöglichkeiten. So verhinderte beispielweise im Jahr 1994 der damalige Staatspräsident Oscar Luigi Scalfaro, daß Cesare Previti, Anwalt von Berlusconis *Fininvest*-Konzern und dessen persönlicher Intimus, zum Justizminister in der Regierung Berlusconi I ernannt

---

[90] Unter anderem hat er nach Art. 87 nominell das Kommando über die Streitkräfte.

wurde und dieser so schließlich mit dem Verteidigungsressort Vorlieb nehmen mußte.[91]

Gemäß dem Gesetzesvorhaben der Regierung Berlusconi II soll der Staatspräsident nun sein Recht auf Auflösung des Parlamentes verlieren (Art. 88) (vgl. 4.1). Auf Ersuchen des Premiers wäre er statt dessen zukünftig dazu verpflichtet, das Parlament aufzulösen. Selbst bei offensichtlich unbegründetem Versuch des Premierministers, das Parlament aufzulösen, hätte der Staatspräsident keinerlei Handhabe mehr. Nach dem fraglichen Gesetzesentwurf müßte der Staatspräsident in Zukunft auch nicht mehr länger die Gesetzesvorschläge, welche die Regierung im Parlament einbringen will, zuvor billigen (Art. 87, Abs. 4). Infolge der geplanten Parlamentsreform würde drittens auch seine Möglichkeit der Einflußnahme auf den Prozeß der Regierungsbildung erlöschen.[92] All dies wiegt schwer angesichts der Machtkonzentration beim Premierminister und eines ihm gleichzeitig politisch weitgehend ausgelieferten Abgeordnetenhauses.

4.4 Das Verfassungsgericht

Die die Justiz betreffenden Teile der geplanten Verfassungsreform sind zahlenmäßig gering, aber von weitreichender Bedeutung. Auffallend ist zunächst die Bestrebung, die politische Unabhängigkeit bzw. Neutralität der Verfassungsrichter zu garantieren, indem diese zukünftig für einen Zeitraum von fünf Jahren nach Beendigung ihres Amtes nicht in die Regierung berufen werden können, keine öffentlichen Wahlämter bekleiden oder von der Regierung in hohe öffent-

---

[91] Previti wurde im November 2003 von einem Mailänder Gericht in erster Instanz zu fünf Jahren Haft wegen Bestechung eines Richters in einem wirtschaftlichen Übernahmeverfahren Ende der 1980er Jahre verurteilt. Das Verfahren gegen Berlusconi im gleichen Fall, dem sogenannten „SME-Prozeß", wurde im Frühjahr 2004 wieder aufgenommen, nachdem das italienische Verfassungsgericht das im Juni 2003 erlassene Immunitätsgesetz für die fünf höchsten Staatsämter, das Berlusconi vorübergehend vor der Strafverfolgung bewahrte, für verfassungswidrig erklärt hatte. In einem anderen Verfahren, in das Berlusconi ebenfalls verwickelt war, er aber wegen Verjährung nicht belangt wurde, erhielt Previti im Frühjahr 2003 11 Jahre Haft.

[92] Als neue Kompetenz gewinnt der Staatspräsident einzig die Benennung des Vizepräsidenten des richterlichen Selbstverwaltungsorgans CSM hinzu. Außerdem soll er zukünftig das Recht besitzen, auch ohne die bisher notwendige Zustimmung des Justizministers Begnadigungen vorzunehmen.

liche Ämter berufen werden dürfen. Diese rigiden Bestimmungen sind Beleg und Ergebnis des großen Streits um die vorhandene oder fehlende Unabhängigkeit dieses Verfassungsorgans. Weitaus problematischer aber dürfte sich die neue Regelung bezüglich der Ernennung der 15 Verfassungsrichter erweisen. Im Grundsatz herrschte bislang politischer Konsens in der Frage, daß das italienische Verfassungsgericht im Zuge der eingeleiteten Föderalisierung des Landes dahingehend reformiert werden muß, daß die Regionen und territorialen Gebietskörperschaften Einfluß auf den Prozeß der Ernennung eines Teils der Verfassungsrichter erhalten. In der Tat war die Auslegung des Verfassungstextes von 1948 durch das oberste italienische Gericht, insbesondere bis Ende der 1980er Jahre, sehr konservativ, wenn nicht zentralistisch. Nach Art. 135 der Verfassung werden bislang fünf Richter vom Staatspräsidenten ernannt, fünf in gemeinsamer Sitzung beider Kammern des Parlamentes gewählt und die verbleibenden fünf von den obersten Vertretern der Gerichtsbarkeit (*supreme magistrature ordinarie ed amministrative*) bestimmt, und zwar für eine Amtszeit von neun Jahren, ohne Möglichkeit der Wiederwahl. Das Reformgesetz der Regierung Berlusconi sieht nun folgende Änderungen vor: Statt wie bisher fünf sollen nur noch vier Verfassungsrichter vom Staatspräsidenten ernannt und statt fünf ebenso nur noch vier von der Richterschaft selbst bestimmt werden. Im Gegenzug erhöht sich die Zahl der vom Parlament zu wählenden Richter von fünf auf sieben, wobei diese Kompetenz nicht länger bei beiden Kammern, sondern allein beim Senat liegt, der anläßlich der Wahl der Verfassungsrichter in seiner Zusammensetzung um die Präsidenten der Regionen erweitert wird. Dies ist jedoch aus mehreren Gründen eine äußerst zweifelhafte Lösung: Da der Senat, wie zuvor gesehen, keine wirkliche Territorialkammer ist, und schon gar keine Kammer der Regionen, sondern Wahlmodus und Größe eher darauf hindeuten, daß sich die Parteien erneut der zweiten Kammer Italiens bemächtigen dürften, bedeutet dies nicht nur, daß die subnationale Politik auch in Zukunft keine effektive Verfassungsgarantie zur Wahrung ihrer Interessen im Verfassungsgericht besitzen wird, sondern auch, daß eine wachsende „Politisierung" des obersten italienischen Gerichtes insgesamt zu befürchten ist, weil nun fast die Hälfte der Richter von Politikern ausgewählt wird.[93] Berücksichtigt man zudem, daß

---

[93] In letzter Konsequenz, nämlich dem vierten Wahlgang, können die Richter in geheimer Wahl im Senat mit einer Mehrheit von drei Fünfteln gewählt werden. In den vorangehen-

die Wahl des Staatspräsidenten nach einfacher Mehrheit erfolgt und diese Wahl unter den derzeit gegebenen Bedingungen einer politischen Kultur erfolgen könnte, die statt auf Konsens auf das „Recht der Mehrheit" setzt, könnte die Besetzung des Staatspräsidenten auch für die Besetzung des Verfassungsgerichtes folgenreich werden. Bei einem nicht überparteilich agierenden Präsidenten könnten so letztlich 11 von 15 Mitgliedern des Verfassungsgerichtes von den Parteien bzw. Parteibündnissen „kontrolliert" werden. Die Beteiligung der Regionen an der Wahl der sieben vom Senat zu bestimmenden Verfassungsrichter ist zwar ein Fortschritt gegenüber der bisherigen Regelung und auch gegenüber dem ursprünglichen Regierungsvorschlag, der eine solche Beteiligung nicht vorgesehen hatte, doch sind die 21 Vertreter der Regionen und Autonomen Provinzen gegenüber den mehr als 200 Senatoren eine zahlenmäßig so kleine Gruppe, daß sie nicht durchsetzungsfähig sein dürfte gegenüber parteipolitischen Interessen. Damit geht die Regelung an den Erfordernissen, welche die Föderalisierung Italiens mit sich bringt, vorbei.

Die Regierung Berlusconi II hatte in ihrem Gesetzentwurf ursprünglich sogar geplant, das Verfassungsgericht um vier Mitglieder, auf insgesamt 19, zu erweitern. Dabei sollten neun Richter vom Parlament bestimmt werden, sechs vom Senat und drei von der Abgeordnetenkammer. Ehemalige Verfassungsrichter, darunter einige Ex-Präsidenten des Verfassungsgerichts, hatten die Regierungspläne jedoch, wie auch zahlreiche namhafte Verfassungsrechtler, angesichts des noch offenkundigeren Versuchs einer Politisierung dieses Verfassungsorgans scharf kritisiert. So wären nicht nur die Diskussions- und Entscheidungsprozesse erheblich erschwert worden, mit der Konsequenz, daß die Funktionstüchtigkeit dieses Staatsorgans, das sich bislang als eines der robustesten Italiens gezeigt hat, ernsthaft in Frage gestellt worden wäre, sondern ein Gremium dieser Größe hätte eher den Charakter einer politischen Institution als den eines obersten Gerichts gehabt. Der Senat verwarf deshalb in seiner Schlußabstimmung der ersten Lesung des Gesetzentwurfes diesen Plan der Regierung.

---

den Wahlgängen ist eine Zweidrittelmehrheit erforderlich.

4.5 Die erneute Reform der subnationalen Ordnung

Die Umgestaltung Italiens in einen föderalen Staat gehört, zusammen mit der 1993 durchgeführten Wahlrechtsreform, zu den einschneidendsten Ereignissen des politischen Systems Italiens der letzten 11 Jahre. Nachdem mit der Verfassungsreform der ehemaligen Mitte-Links-Regierung vom 18. Oktober 2001, die den Regionen zahlreiche neue Kompetenzen übertragen hat, endgültig die Grundlagen für ein föderales System geschaffen worden waren, erließ das italienische Parlament auf Initiative der Regierung Berlusconi II am 05. Juni 2003 das noch notwendige Implementierungsgesetz (No. 131/2003). Die Auseinandersetzung um die bestmögliche Ordnung der Kompetenzen zwischen Staat und Regionen wurde damit jedoch nicht beendet. Zum einen steht die Anpassung der staatlichen Finanzordnung an die föderalen Erfordernisse noch auf der Tagesordnung, zum anderen war man sich unter nahezu allen Akteuren nach der umstrittenen Verabschiedung der Verfassungsreform 2001 schnell einig, daß diese in einigen Punkten nachgebessert werden müsse. Die *Lega Nord* aber monierte etwas ganz anderes: Ihr ging die Reform nicht weit genug. Nachdem die Mitte-Links-Koalition *Ulivo* der *Lega Nord* mit der Verfassungsreform 2001 in der föderalen Frage faktisch den Rang abgelaufen hatte, schickte sich der in der Regierung Berlusconi II zum „Minister für institutionelle Reformen" aufgestiegene Umberto Bossi an, weitere Kompetenzen für die Regionen zu fordern. Eine entsprechende Gesetzesvorlage wurde rasch ausgearbeitet. Aufgrund des heftigen Gegenwindes der Koalitionspartner, insbesondere von AN und UDC, blieb von Bossis ursprünglichen Plänen jedoch letztlich nicht sehr viel mehr übrig als das, was unter dem Titel *devolution* als verfassungsänderndes Gesetz von beiden Kammern des Parlamentes in erster Lesung im Dezember 2002 verabschiedet wurde, nämlich neue Gesetzgebungsbefugnisse für die Regionen in den Bereichen: (i) Gesundheitswesen, (ii) Organisation des Bildungs- und Schulwesens, (iii) Lehrpläne im Bereich Bildung und Schule sowie (iv) lokale Polizei.[94] Wie uneins die Regierungskoalition in der föderalen Frage war und ist, zeigt der Umstand, daß von der Regierung Berlusconi II am 11. April 2003 nahezu zeitgleich

---

[94] Gesetzesentwurf des Abgeordnetenhauses C. 3461 (*Modifiche dell'articolo 117 della Costituzione*) vom 26. Februar 2002, am 05. Dezember 2002 vom Senat in erster Lesung unverändert gebilligt (S. 1187).

ein vom Kabinett gebilligter Gesetzentwurf des Ministers für Regionalangelegenheiten, Enrico La Loggia, präsentiert wurde, der eine nochmalige, umfassende Neuordnung der Kompetenzen vorsah. Dabei sollte das von der Mitte-Links-
Regierung zugrunde gelegte Modell des kooperativen Föderalismus, mit zahlrei-
chenden konkurrierenden Gesetzgebungsbefugnissen von Staat und Regionen
und einer Asymmetrie von Legislation und Verwaltung zwischen den Ebenen, in
ein am kanadischen Föderalismus orientiertes, reines Trennsystem der Kompetenzen umgewandelt werden. Das bedeutet, jede Ebene sollte in den Bereichen,
in denen sie gesetzgeberische Befugnisse hat, auch die Verwaltungsaufgaben
übernehmen. Rasch aber verschwand dieses Projekt, die sogenannte „Reform La
Loggia", die einer echten Gegenreform gleichgekommen wäre, wieder in der
Schublade und wurde nicht im Parlament eingebracht.[95] Der Vorstoß sollte vor-
nehmlich dazu dienen, die Pläne Bossis aufzufangen bzw. in einem größeren
Kontext abzumildern, ein Versuch, der letzten Endes nun mit der Reform 2544
wiederholt wird. Fast zur selben Zeit wurde im Frühjahr 2003 das bereits erwähnte, lange überfällige Gesetz zur Implementierung der Verfassungsreform
von 2001 (No. 131/2003) erlassen, das wiederum die Möglichkeiten des neuen
Verfassungstextes im Sinne weitreichender regionaler Autonomie ungenutzt ließ
und eine eher zentralistische Handschrift trägt, etwa im Bereich der Europapolitik.

Die beabsichtigte große Verfassungsreform 2544 der Regierung Berlusconi
II legt nun neuerlich Hand an den Titel V, Teil II der Verfassung. Ein Kernbestandteil ist die bereits angesprochene Eingliederung der sogenannten *devolution*, welche als „Mutter aller Reformen" von der *Lega Nord* zur Voraussetzung

---

[95] Mit Hilfe der Reformulierung des Art. 117 war insbesondere der Wegfall der konkurrierenden Gesetzgebung geplant und eine Rückverlagerung zahlreicher Kompetenzen auf den
Staat vorgesehen. Vehikel hierfür sollte die vermeintlich exakte Trennung der Gesetzgebungskompetenzen in ein und demselben Politikbereich sein, nämlich in *norme generali*
(allgemeine Bestimmungen) des Staates und *norme particolari* (Detailregelungen) als
Kompetenz der Regionen. Damit wäre zwar die Verflechtung nicht wirklich beseitigt, wohl
aber die Autonomie der Regionen massiv bedroht worden. Die „Reform La Loggia" hätte
insgesamt eine immense Beschneidung der regionalen Befugnisse bedeutet, und zwar sowohl in bezug auf Gesetzgebung, Verwaltung und Finanzen als auch hinsichtlich der
Selbstbestimmungs-Garantien des gesamten subnationalen politischen Systems; vgl. hierzu
näher Gian Candido De Martin: Conati di riforma della riforma (costituzionale) tra ambiguità e neocentralismi, in: *Le Istituzioni del Federalismo. Regione e Governo Locale*, Jg.
24, No. 5/2003, S. 667-676.

für ihr Verbleiben in der Regierungskoalition gemacht wurde. So sieht der Gesetzentwurf bezüglich des Art. 117 eine Ergänzung der regionalen Kompetenzen um die drei bereits genannten Politikbereiche Gesundheitswesen, Bildung und lokale Polizei vor, und zwar als „ausschließliche Gesetzgebungsbefugnis". Zudem sollen sämtliche dem Staat nicht explizit vorbehaltenen Sachgebiete ebenfalls in den Bereich ausschließlicher Legislativkompetenz der Regionen fallen. Unklar ist in bezug auf diese letzte Klausel der Unterschied zum Status quo, denn bereits die Verfassungsreform von 2001 bestimmt eine Residualkompetenz der Regionen. In diesem Sinne ist die Einführung der „Ausschließlichkeit" nicht recht nachzuvollziehen. Selbst im Regierungslager herrscht große Unstimmigkeit bezüglich dieser Reform. Insbesondere Teilen der rechtskonservativen *Alleanza Nazionale* mit ihren Vorstellungen vom „starken Staat" ist die sogenannte *devolution* ein Greuel und so stimmten drei ihrer Senatoren in der Schlußabstimmung zur ersten Lesung im Senat auch gegen die Reform[96], während die *Lega Nord* ihren Erfolg, den sie dem im März 2004 schwer erkrankten Parteichef Umberto Bossi widmete, lautstark feierte, worauf es im Senat zu Handgreiflichkeiten zwischen den Kontrahenten des Regierungslagers kam. Die Opposition hatte aus Protest gegen die sogenannte *devolution* den Plenarsaal im Moment der Abstimmung demonstrativ verlassen.

Darüber hinaus sieht die Reform der Regierung Berlusconi II in Art. 118 bezüglich der gemeinsamen Kompetenzen von Staat und Regionen eine Ausweitung der Sachbereiche vor, in denen eine Koordinierung durch nationale Gesetze erfolgen soll. Außer der Wahrung der Kulturgüter, die hiervon schon erfaßt war, werden folgende Bereiche eingeschlossen: (i) große Transportnetze und Schiffahrtswege, (ii) Produktion, Transport und Verteilung von Energie sowie (iii) die Ordnung des Berufswesens. Dabei hat die Koordinierung des Staates auf der Basis der Prinzipien der „fairen Zusammenarbeit" und der „Subsidiarität" zu erfolgen. Hierbei handelt es sich um eine eindeutige Verbesserung, denn der „alte", 2001 reformierte Text hatte dem Staat in diesen Bereichen von offenkundig nationaler Bedeutung jede Möglichkeit der Einflußnahme vorenthalten und zu mancher Absurdität geführt. So war theoretisch eine ausschließliche Gesetzgebungskompetenz der Regionen im Bereich der „nationalen Vertei-

---

[96] So ist etwa Domenico Fisichella (AN), Vizepräsident des Senats, der Meinung, die aktuelle Reform verschlechtere die durchgesetzte Reform von Mitte-Links, anstatt sie zu verbessern.

lung von Energie" möglich. Diese Fehler, die selbst vom Mitte-Links-Bündnis eingeräumt werden, könnten nun mit der neuerlichen Reform bereinigt werden.

Positiv zu bewerten ist auch die vorgesehene Änderung des Art. 120. Die doch äußerst rigide Klausel, wonach die Regionalräte selbst bei Tod oder dauerhafter Dienstunfähigkeit des Regionspräsidenten aufzulösen und Neuwahlen auszuschreiben sind, wurde aufgehoben, da dies offenkundig nichts mit der eigentlichen Intention des Artikels zu tun hat, nämlich häufige Regierungswechsel zu vermeiden (*meccanismo „anti-ribaltone"*), indem der Sturz der Regierung bzw. des Regionspräsidenten durch ein Mißtrauensvotum automatisch Neuwahlen zur Folge hat.

Nachvollziehbar ist auch die Änderung des Abs. 8, Art. 117, welcher die Möglichkeiten der Zusammenarbeit zwischen den italienischen Regionen, „auch durch Schaffung neuer, gemeinsamer Institutionen", nun ausdrücklich auf die „Verwaltungstätigkeit" der Regionen begrenzt. Momentan ist dieser Absatz allgemeiner gehalten, so daß im Grunde auch die Einrichtung politischer Organe möglich wäre. Hierbei handelt es sich offenbar um eine Vorsichtsmaßnahme gegenüber Bestrebungen zur Schaffung von „Makro-Regionen", wie sie immer wieder aus Kreisen der *Lega Nord* vorgebracht werden.[97]

Eine politisch bedeutende, für die Gestalt des zukünftigen föderalen Systems Italiens folgenreiche Änderung des von der Mitte-Links-Regierung geänderten Verfassungstextes bedeutet jedoch die Absicht der Regierung Berlusconi II, den Art. 116, Abs. 3 wieder aufzuheben. Dieser sieht die Möglichkeit unterschiedlicher Kompetenztiefe der Regionen vor, indem eine Region auf entsprechenden Antrag durch den nationalen Gesetzgeber (bei Entscheidung mit absoluter Mehrheit) erweiterte Kompetenzen erhalten kann, indem Gesetzgebungsbefugnisse aus dem Katalog des Art. 117 von einer konkurrierenden zu einer ausschließlichen Legislativkompetenz gemacht werden. Diese Klausel, welche letztlich „spanische Verhältnisse" ermöglicht hätte, soll nun entfallen. Damit kehrt die Mitte-Rechts-Koalition zu einem möglichst symmetrischen Föderalismus und folglich dem Konzept größtmöglicher Einheitlichkeit der subnationalen Ordnung zurück.

---

[97] Vgl. auch Fußnote 80.

Daran schließt sich aus regionaler Sicht der problematischste Teil der geplanten Reformen der Regierung Berlusconi II, nämlich die bereits erwähnte Wiedereinführung des Kriteriums des sogenannten „nationalen Interesses" in Art. 127 (vgl. 4.1) an.[98] Für die Regionen mit Sonderstatut problematisch ist auch die geplante Novellierung des Art. 116, Abs. 1. Dort ist vorgesehen, daß bei Änderungen der Regionalstatute der Regionen mit Sonderstatut (die Statute dieser Regionen haben Verfassungsrang) im Zweifelsfalle, d.h. auch im Dissens von Staat und betroffener Region, immer das italienische Parlament das letzte Wort hat. Das bedeutet eine Einschränkung der Autonomie dieser Regionen, die durchaus als verfassungswidrig eingestuft werden kann. Der Präsident der Autonomen Provinz Südtirol, Durnwalder, hat für den Fall, daß der Artikel tatsächlich in Kraft treten sollte, bereits angekündigt, nötigenfalls sogar Österreich in seiner Funktion als Schutzmacht der Autonomie Südtirols zwecks Klärung dieser Frage anzurufen.[99]

Zu kritisieren ist schließlich auch das nur äußerst eingeschränkte Recht der Regionen zur Gesetzesinitiative, gerade vor dem Hintergrund ihrer Nicht-Vertretung im Senat. Statt einer Verankerung des Rechtes zur Gesetzesinitiative in Art. 71 erhalten die Regionen nach Art. 72 nur indirekt, d.h. wenn mehrere Regionalräte koordiniert einen gemeinsamen Entwurf präsentieren, ein entsprechendes Initiativrecht, wobei die Geschäftsordnung des Senats bestimmt, wie die Regionalräte ihre Standpunkte zu den von ihnen eingebrachten Gesetzesvorhaben im Senat zum Ausdruck bringen können.[100]

Bestandteil der Reform ist ferner die erneute Änderung des Art. 114, Abs. 3, der bestimmt, daß Rom als „Hauptstadt der föderalen Republik" in Zukunft „über besondere Formen der Autonomie" verfügen soll, was Gesetzgebungskompetenzen einschließt. Diese neue Autonomie Roms ist innerhalb der Region Lazio und ihrer Legislativbefugnis angesiedelt und soll per einfachem Staatsgesetz geregelt bzw. ausgestaltet werden. Damit erhält Rom de facto eine Art Sonderstatut und die ohnehin bereits vielschichtige subnationale Ordnung Italiens wird auf diese Weise noch komplexer. Sie umfaßt dann 5 Regionen

---

[98] Die Wiedereinführung der Klausel des „nationalen Interesses" war bereits im schon erwähnten „Gesetzentwurf La Loggia" vom 11. April 2003 geplant.

[99] Vgl. eine entsprechende Meldung der Nachrichtenagentur ANSA vom 24. März 2004.

[100] Vgl. Übergangsbestimmung 2-*bis* des Reformentwurfes No. 2544.

(bzw. 4 Regionen und zwei Autonome Provinzen) mit Sonderstatut, 15 Regionen mit Normalstatut, Rom als Hauptstadtregion mit Sonderstatut, 14 „Großstadtbezirke" (*Città metropolitane*), 104 Provinzen und 8.103 Kommunen.

Als letzter wichtiger Punkt der geplanten Verfassungsreform 2544 ist bezüglich der Regionen schließlich noch auf die Übergangsbestimmungen 6 und 7 hinzuweisen. Dort ist in einem Übergangszeitraum von fünf Jahren nach in Kraft treten der Verfassungsreform die Möglichkeit der Neukonstituierung von Regionen vorgesehen. Gebietsteile bisheriger Regionen können demzufolge eine eigenständige Region bilden, sofern die neue Region mindestens 1 Mio. Einwohner hat. Dabei gilt ein vereinfachtes Verfahren (d.h. unter Verzicht auf die Bestimmungen nach Art. 132, Abs. 1), bei dem allein diejenige Bevölkerung abstimmt, welche die Eigenständigkeit wünscht, nicht mehr die von der Sezession betroffene gesamte Region. Hintergrund dieser Übergangsbestimmungen sind Bestrebungen von Abgeordneten der Mitte-Rechts-Koalition (Giovanardi u.a.), die Romagna, in der die Links-Parteien traditionell weniger stark sind als in der Emilia, aus der Region Emilia-Romagna herauszulösen und unabhängig zu machen.[101] Die von Stefano Servadei gegründete und angeführte Autonomiebewegung der Romagna, der *Movimento autonomista romagnolo*, konnte die Bevölkerung bislang allerdings nicht für die Eigenständigkeit begeistern. Politisch ist die genannte Übergangsbestimmung insofern bedeutsam, als man auf diese Weise *die* linke Hochburg Italiens schlechthin zerschlagen würde, denn allein wäre die Region Emilia weit weniger mächtig. Jenseits des Verdachtes einer Strategie von *divide et impera* birgt die fragliche Übergangsbestimmung die Gefahr der regionalen Zersplitterung in sich, denn 20 Regionen (bzw. eigentlich 21, berücksichtigt man die tatsächliche Stellung der Autonomen Provinzen Bozen und Trento) sind bereits recht viel angesichts der eher geringen Fläche Italiens. Statt neuer Regionen hat Italien aus ökonomischen und finanziellen Gründen viel-

---

[101] Dabei stellt sich noch das Problem, daß die Romagna derzeit mit 980.000 Einwohner die nötige Zahl von 1 Mio. knapp verfehlt. Zu den drei historischen Provinzen der Romagna, Ravenna, Rimini und Forlì-Cesena müßten folglich Kommunen aus der Provinz Imola hinzukommen, doch deren Zugehörigkeit ist umstritten.

mehr die Fusion von Regionen nötig, wie die Agnelli-Stiftung bereits im Jahre 1993 vorgerechnet hat.[102]

So fällt die Bilanz der geplanten Reform für die Regionen mehr als ernüchternd aus. Außer der sogenannten *devolution* und der größeren Beteiligung an der Wahl des Staatspräsidenten stehen sie schlechter da als zuvor. Die Regionspräsidenten waren sich deshalb nur in der Bewertung bezüglich des von Umberto Bossi gewollten Reformteiles uneinig. Während die Mitte-Rechts geführten Regionen die *devolution* begrüßten (allen voran der Präsident der Region Veneto, Giancarlo Galan), die Reform insgesamt aber auch sehr kritisch kommentierten, verdammten die *Governatori* der Mitte-Links-regierten Regionen die Reform in Bausch und Bogen. Die neuen ausschließlichen Gesetzgebungskompetenzen der Regionen setzen nach Meinung der dem *Ulivo* zugehörigen Regionspräsidenten das Funktionieren des nationalen Gesundheitssystems aufs Spiel, bedrohen infolge einer Zersplitterung des Schulsystems die kulturelle Einheit des Landes und stellen letztlich, so die Kritik, die Einheitlichkeit der bürgerlichen und sozialen Grundrechte in ganz Italien in Frage. Die Auswirkungen der *devolution* im eigentlichen Sinne dürfen jedoch nicht überschätzt werden, denn schon heute liegen 90% des Gesundheitssektors in regionaler Verantwortung, und bereits jetzt können 15% der schulischen Lehrpläne autonom von den Regionen festgelegt werden. Insofern ist die Alarmstimmung des Mitte-Links-Lagers – Senator Andrea Manzella (*Ulivo*) sprach aufgrund der befürchteten Zerstückelung der Nation gar von der drohenden „Gulasch-Republik"[103] – etwas übertrieben. Nicht nur, weil die Wiedereinführung des „nationalen Interesses" hier den größten Verzerrungen Einhalt gebieten dürfte, sondern auch, weil der Staat zum Erlaß nationaler Mindeststandards bei den bürgerlichen und sozialen Grundrechten und der allgemeinen Normengebung im Bereich Bildung und Sozialwesen berechtigt ist, denn gemäß Art. 117, Abs. 2, ist dies Gegenstand seiner „ausschließlichen Gesetzgebungskompetenz".[104] Es gilt außerdem

---

[102] Dementsprechend wurde eine Reduzierung auf nur noch 12 Regionen vorgeschlagen; vgl. hierzu näher Marcello Pacini (Hg.): Un federalismo dei valori. Percorso e conclusioni di un programma della Fondazione Giovanni Agnelli (1992-1996), Torino 1996.

[103] Vgl. Andrea Manzella: La Repubblica spezzatino, in: *La Repubblica* vom 17. Januar 2004.

[104] Vgl. in diesem Zusammenhang auch das Urteil des Verfassungsgerichtes No. 303/2003, wonach eine Ausdehnung der Kompetenzen des Zentralstaates infolge notwendiger einheitlicher staatlicher Regelungen („*esigenze unitarie*") für rechtmäßig erklärt wurde.

zu vergegenwärtigen, daß es im Gesetzestext der Regierung Berlusconi II heißt, daß den Regionen lediglich die „Organisation des Gesundheitswesens" zusteht, was gewisse Interpretationsspielräume im Sinne notwendiger national einheitlicher Prinzipien zuläßt.[105] Die Probleme liegen woanders:

Zum einen in der beabsichtigten Einführung des Fiskalföderalismus[106], der einen Prozeß nationaler Entsolidarisierung einleiten könnte, bei dem die finanzstarken Regionen am Ende tatsächlich über gut ausgestattete Bildungs- und Gesundheitssysteme verfügen, die armen Regionen jedoch sich selbst überlassen werden könnten und aufgrund fehlender Finanzen weit unter die bisherigen Standards im Gesundheits- und Schulwesen absinken würden. Hier steht die Forderung der *Lega Nord* im Raum, daß 70% der auf dem Territorium jeder Region erhobenen Steuereinnahmen in dieser verbleiben sollen, was aber bedeuten würde, daß keine der süditalienischen Regionen mehr in der Lage wäre, die ihr von der Verfassung zugewiesenen Aufgaben zu erfüllen. Deshalb sah sich auch Staatspräsident Ciampi veranlaßt, die Regierung an die Notwendigkeit der nationalen Einheit und entsprechend einheitlicher Lebensverhältnisse zu erinnern, was wiederum Bossi dazu brachte, den Staatspräsidenten als Zentralisten der ersten Republik zu zeihen und ihn der Parteinahme zu bezichtigen.[107] Dabei ist die Reform der Finanzverfassung dringend geboten, denn vergessen wir nicht: Die aktuelle Situation ist nicht verfassungskonform! Ohne die längst überfällige

---

[105] Als innovative Idee zur Neuordnung des Kompetenzgefüges im Sinne verbesserter Regierungsfähigkeit wurde aber aus dem Mitte-Links-Lager der Vorschlag vorgebracht, die Flexibilität des föderalen Systems zu erhöhen, indem Kompetenzen je nach Bedarf verlagert werden können, also auch zurück auf die Ebene des Zentralstaates bzw. des Bundes. Das bisherige Problem des im Grunde unumkehrbaren Kompetenztransfers, im Einbahnstraßensystem von oben nach unten, soll durch die Einführung sogenannter „Generalklauseln" behoben werden. Diese erteilen dem Staat – bei entsprechender Zustimmung der zweiten Kammer, die sich aber nach diesen Plänen als echte Regionalvertretung konstituieren soll – Handlungsvollmacht auf Gebieten, die eigentlich in die Kompetenz der Regionen fallen, wo eine nationale Regelung jedoch zweckmäßig bzw. notwendig erscheint, bspw. im Bereich der Gesundheitspolitik (Epidemien wie SARS etc.) oder im Bereich der inneren Sicherheit (z.B. Bekämpfung des Terrorismus); vgl. hierzu etwa den Gesetzentwurf No. 2507 der Senatoren Villone und Bassanini zur Reform der italienischen Verfassung vom 26. September 2003.

[106] Vgl. hierzu den entsprechenden Gesetzentwurf zur Ermächtigung der Regierung durch das Parlament zum Erlaß entsprechender Gesetzesdekrete C. 2144 vom 08. Mai 2002 (bzw. S. 1396 vom 18. Oktober 2002): *Delega al Governo per la riforma del sistema fiscale statale.*

[107] Vgl. *Corriere della Sera* vom 05. Dezember 2002.

praktische Umsetzung der durch die Verfassungsreform 2001 den Regionen zu-
gestandenen Finanzautonomie (Art. 119), bleibt nicht nur die sogenannte *devolution* Theorie, sondern bleibt auch die neue, föderale Rolle der Regionen insgesamt auf dem Papier. In der Tat ist die finanzielle Situation der Regionen bereits
heute äußerst prekär. Die Verschuldung der Regionen hat sich im Zeitraum
1999-2003 verdoppelt. Sie beläuft sich nach Angaben des Rechnungshofes
(*Corte dei Conti*) nunmehr auf insgesamt 29 Mrd. Euro, gegenüber 14,4 Mrd. im
Jahr 1999. Wie die Regionen die neuen Kompetenzen in den Bereichen Gesundheit, Schule und lokale Polizei unter den gegebenen finanziellen Bedingungen
schultern sollen, ist vollkommen schleierhaft, denn es geht dabei um nicht weniger als 45-50 Mrd. Euro, was ca. einem Sechstel der gesamten öffentlichen Ausgaben Italiens entspricht. Nach ersten Schätzungen sind 33 Mrd. im Schulwesen,
7 Mrd. im Hochschulwesen, 6 Mrd. für die Polizei und ca. 1 Mrd. für den Rest
der noch zu transferierenden Kompetenzen im Gesundheitswesen notwendig.
Die Beziehungen zwischen der Regierung Berlusconi II und den Regionen sind
aber bereits infolge des Haushaltsgesetzes 2004, das nach den Jahren 2002 und
2003 abermals tiefe finanzielle Einschnitte für die Regionen sowie eine Reihe
neuer Haushaltsregeln gebracht hat, ohnehin extrem gespannt. Diese Regeln
verhindern u.a. die Kofinanzierung von EU-Programmen und dringend notwendige Investitionen im Bereich der Forschung. Der Staat zieht sich offenkundig
im Zuge der Föderalisierung aus seiner finanziellen Verantwortung zurück.

Zum zweiten handelt es sich schlicht um eine Frage der Zweckmäßigkeit
und Effektivität. So droht in bezug auf die geplanten neuen regionalen Kompetenzen im Bereich der inneren Sicherheit mit der geplanten Verfassungsreform
2544 z.B. eine weitere Komplizierung des bereits ohnedies komplexen Polizei-
wesens in Italien. Die Einführung einer „regionalen" Polizei (bzw. die Ausdehnung der Kompetenzen der lokalen Polizei), zusätzlich zu den bereits bestehenden Polizeiorganen, nämlich *Carabinieri, Polizia di Stato, Guardia di Finanza,
Polizia stradale, Corpo forestale* usw. ist in diesem Sinne mehr als fragwürdig,
weil neue Überschneidungen der Aufgaben absehbar sind und ein noch größerer
Koordinationsaufwand betrieben werden müßte. Schon heute sind die Rei-
bungsverluste im Polizeiwesen Italiens nicht gering.

Drittens schließlich liegt das Problem vor allem im Interpretationskonflikt
ganz offenkundig widerstreitender Normen. Ohne jeden Zweifel sind mit der

devolution und der damit verbundenen Einführung der Kategorie der „ausschließlichen Legislativkompetenzen der Regionen" nämlich erhebliche Auseinandersetzungen und Kompetenzkonflikte zwischen Staat und Regionen vorprogrammiert, die vermeidbar wären. Italien kann derzeit alles gebrauchen, nicht jedoch eine weitere Erhöhung der intergouvernementalen Auseinandersetzungen und Streitigkeiten vor dem Verfassungsgericht. Allein durch die Verfassungsreform 2001 und die erst 2003 erfolgte Verabschiedung des wesentlichen Implementierungsgesetzes (131/2003), dem allerdings noch weitere folgen müssen (neben den Finanzen geht es dabei u.a. um die Europapolitik), ist die Zahl der Klagen vor dem Verfassungsgericht sprunghaft angestiegen. Derzeit sind vor dem obersten italienischen Gericht über 200 Klagen bezüglich der Zuständigkeiten von Staat und/oder Regionen anhängig. Die im Moment geltende Kompetenzregelung zwischen Staat und Regionen, bestehend aus ausschließlichen Gesetzgebungskompetenzen des Staates, konkurrierenden Gesetzgebungsbefugnissen von Staat und Regionen und staatlicher Regelungskompetenz bezüglich der „allgemeinen Grundsätze" wird durch die geplante Einführung der „ausschließlichen Kompetenzen" der Regionen und die Wiedereinführung des „nationalen Interesses" durcheinander gebracht. Statt die bestehenden Probleme zu lösen, dürfte die Reform die ohnehin komplizierte Lage deshalb weiter verschärfen. Die ständige Ungewißheit über den tatsächlichen Kompetenzrahmen hat jedoch wiederum extrem negative Auswirkungen auf den Selbstreformierungsprozeß der Regionen, welcher aber seinerseits nur mit der Reform der Regionalstatute vorankommen wird. Aufgrund der ständig geänderten Rahmenbedingungen und der zahlreichen offenen Kompetenzfragen bereitet die Abfassung und Verabschiedung der neuen Regionalstatute aber ganz erhebliche Schwierigkeiten. Fünf Jahre nach der Verfassungsreform von 1999, welche den Regionen in bezug auf die Regionalstatute vollkommene Handlungsfreiheit zuerkannt hat, ist noch immer kein einziges neues Statut in Kraft. Mit der geplanten erneuten Reform der subnationalen Ordnung durch das Verfassungsgesetz 2544 droht dem italienischen Mehrebenensystem weitere Widersprüchlichkeit und Ineffizienz. Schon die aktuelle Situation ist gekennzeichnet von rechtlichen Widersprüchen, Vieldeutigkeit der Bestimmungen, politischen Widerständen und Konflikten zwischen den Ebenen sowie verschiedensten Blockaden und Rechtsverletzungen. Dies hat auch mit der von der Regierung Berlusconi II gezeigten neozentralistischen Haltung und ihrer insgesamt widersprüchlichen Regionalpolitik zu tun.[108] Das zeigt nicht nur der vorliegende Verfassungsentwurf, der außer der fragwürdigen *devolution* den Regionen letztlich nur Nachteile bringt, weil er ihre Kompetenzen beschneidet und ihnen auf nationaler Ebene keine effektive Mitsprache zugesteht. Das zeigt sich auch daran, daß die Regierung Berlusconi II damit fortfährt, Gesetze und Gesetzesdekrete sowie Verordnungen zu verabschieden, die trotz der zur Schau getragenen „föderalen Fassade" in ihrer Stoßrichtung zentralistisch sind und bisweilen in offenem Widerspruch zu der 2001 im Sinne größerer regionaler Autonomie reformierten Verfassung stehen, weil sie schlicht in die neuen Gesetzgebungskompetenzen der Regionen eingreifen. Nicht zufällig ist auch die Auslegung der Verfassungsreform 2001 durch das Implementierungsgesetz No. 131/2003 sehr restriktiv ausgefallen.[109]

In dieses Bild paßt die Tatsache, daß der gemeinsame „Parlamentsausschuß für Regionalangelegenheiten" beider Kammern des italienischen Parlaments nicht um Vertreter der Regionen und lokalen Gebietskörperschaften erweitert wurde und damit die sogenannte *Bicameralina*, welche in der schwierigen Übergangsphase zum Föderalismus als zentrales Verbindungs- und Vermittlungsorgan zwischen dem Parlament auf der einen und den Regionen und lokalen Gebietskörperschaften auf der anderen Seite dienen sollte, nicht eingerichtet wurde. Bis zur Reform des Senats in eine Kammer der Regionen und lokalen Gebietskörperschaften sollte so eine Einbindung der subnationalen Politik in den Gesetzgebungsprozeß gewährleistet werden. Art. 11 des von der Mitte-Links-Regierung in Kraft gesetzten Verfassungsgesetzes No. 3/2001 hatte dies explizit vorgesehen. Danach sollte der „Parlamentsausschuß für Regionalangelegenheiten" um 40 Mitglieder (20 aus den Regionen[110] und 20 aus den Provinzen, Kommunen und *Comunità montane*) auf insgesamt 80 (bisher je 20 Senatoren und 20 Deputierte) Mitglieder verdoppelt werden. Obwohl sich die Regionen

---

[108] Vgl. Gian Candido De Martin, a.a.O, S. 671.

[109] Vgl. im Sinne einer reduktionistischen Lesart der Verfassung insbesondere die Art. 4, 8 und 11 des Gesetzes No. 131/2003.

[110] Auf Vorschlag des jeweiligen Regionspräsidenten vom Regionalrat zu wählende Abgeordnete.

bereits auf die Nominierung ihrer Vertreter geeinigt hatten und der Ausschuß eigentlich Anfang 2003 seine Arbeit aufnehmen sollte, blieb die Regierungsmehrheit in diesem Punkt untätig. Das hat erhebliche Konsequenzen. Hätte sich der Ausschuß für Regionalangelegenheiten nämlich gegen Gesetze des Parlaments ausgesprochen, bei denen Belange der Regionen im Sinne der Kompetenzen nach Art. 117 und 119 der Verfassung berührt sind, wäre eine Verabschiedung dieser Gesetze nur mit absoluter Mehrheit möglich gewesen, was angesichts der Zerstrittenheit des Regierungslagers diesem ggf. Schwierigkeiten bereitet hätte. Dies ist auch insofern von großer Bedeutung, als immerhin durchschnittlich 78% aller Gesetzentwürfe des Parlaments eine Anhörung dieses Ausschusses verlangen. Statt aber die *Bicameralina* wirklich zur Schaltstelle im Prozeß der Umsetzung der Verfassungsreformen und der Transition zum Föderalismus zu machen, verweigert die Regierung Berlusconi II den Regionen und lokalen Gebietskörperschaften jedwede Mitsprache und schenkt den von ihnen vorgetragenen Forderungen keinerlei Gehör. Dies verdeutlicht, welchen Weg die Regierung Berlusconi insgesamt politisch beschreitet: konfrontativ und machtorientiert statt konsensorientiert und kooperativ. Denn auch bei den großen Reformen in den Bereichen Gesundheit, Rente, Schule und Universität ignoriert die Regierung weitgehend die sozialen Kräfte des Landes.

4.6. Geringe Chancen, immense Risiken – eine zusammenfassende Analyse und Bewertung des Reformvorhabens der Regierung Berlusconi II

Der Entwurf No. 2544 zur umfassenden Reform des Teils II der italienischen Verfassung durch die Regierung Berlusconi II wirft zahlreiche Fragen auf. Zunächst einmal muß hinterfragt werden, inwiefern die Reformen wirklich notwendig sind, denn in den letzten 11 Jahren wurden bereits – per Verfassungsänderung wie auch auf einfachgesetzlichem Weg – zahlreiche Reformen verwirklicht. Zudem ist es bereits zu einschneidenden Neuerungen im politischen und gesellschaftlichen Leben gekommen und beides zusammen hat das gesamte Koordinatensystem Italiens erheblich verändert. Stimmen also überhaupt noch alle

Voraussetzungen bzw. Grundannahmen für eine solch einschneidende Verfassungsreform?

So hat sich z.B. – wie gesehen – das Parteiensystem in der zweiten Republik weiter gewandelt (vgl. Kapitel 2) und auch im Verhältnis von Politik und Raum ist eine deutliche Veränderung zu verzeichnen (vgl. Kapitel 3). Die Erneuerung und Autonomisierung der subnationalen politischen Systeme und die heute wesentlich geringere Mediation zwischen staatlichen Institutionen und Gesellschaft durch die Parteien haben die Parteienherrschaft stark relativiert, genauso wie die erwähnten neuen politischen und sozialen Bewegungen. Allerdings ist auch wahr, daß die Parteienmacht in einigen Bereichen ungebrochen ist, wie beispielsweise beim staatlichen Rundfunk. Das aber würde durch Verfassungsreformen, die auf eine starke Exekutive zielen, nicht behoben werden – im Gegenteil!

Das Argument der Delegitimierung der öffentlichen Institutionen ist ebenfalls zweifelhaft. Es sind eher die Parteien, es ist eher die politische Klasse, die trotz neuen Personals und neuer Nomenklatur nach wie vor ein massives Vertrauensdefizit in der Bevölkerung hat. Es handelt sich hier in erster Linie um Parteien- und Politikerverdruß und erst in zweiter Linie um Politik- oder gar Staatsverdrossenheit. Wenn überhaupt, dann ist es die Politik selbst, welche kontinuierlich die Delegitimierung der staatlichen Institutionen vorantreibt. Die Regierung Berlusconi II etwa arbeitet mit ihren beinahe täglichen Angriffen auf die Justiz, das Verfassungsgericht[111] und den Staatspräsidenten ja geradezu systematisch am Autoritätsverlust des Staates und seiner Institutionen. Die Leugnung bzw. Untätigkeit der Regierung in der Frage des Interessenkonfliktes Ber-

---

[111] Berlusconi warf dem Verfassungsgericht mehrfach Parteilichkeit vor, denn der ehemalige Staatspräsident Scalfaro habe in seiner Amtszeit fünf „linksgerichtete Richter" benannt. Die Unabhängigkeit der Justiz im allgemeinen wird von Berlusconi beständig öffentlich angezweifelt. Er bezeichnete die Justiz wiederholt als „Krebsgeschwür". Anläßlich der Feiern zum 10. Jahrestag der Gründung von *Forza Italia* beklagte Berlusconi, daß man ohne die „politisch unterwanderte Justiz" bereits das zehnjährige Bestehen der Regierung Berlusconi hätte feiern können. Die Justiz habe der Regierung Berlusconi I durch ihre damaligen Untersuchungen gegen den Ministerpräsidenten stark geschadet und sei entsprechend mitverantwortlich für deren Fall im Dezember 1994; vgl. *Corriere della Sera* vom 28. März 2004.

lusconis, einige höchst fragwürdige politische Entscheidungen und die Art des Auftretens des Ministerpräsidenten und seiner Minister tun ihr übriges.[112]

Trotz alledem sind weitere Verfassungsreformen notwendig. Diese sind immer bzw. nur dann geboten, wenn Probleme innerhalb des geltenden Verfassungsrahmens nicht mehr gelöst werden können bzw. die Interpretationsspielräume der geltenden Verfassung ausgereizt sind. Genau das ist in Italien der Fall. Zwar ist das italienische Verfassungssystem weit entfernt vom Kollaps, der ihm häufig attestiert bzw. vorausgesagt wird, und gewisse Reformen sind, das haben die letzten Jahre gezeigt, auch innerhalb des geltenden Verfassungsrahmens möglich, doch ist die Verfassung von 1948 in Anbetracht der realen Situation Italiens und der bestehenden Probleme zumindest in Teilen schon länger an ihre Grenzen gelangt. Hier ist die Frage der Regionen und des Föderalismus nur das eklatanteste Beispiel. Verfassung und Wirklichkeit gehen auch in manch anderem Bereich auseinander, z.B. hinsichtlich der ökonomischen und sozialen Fragen oder bezüglich Europas. Kritiker weisen außerdem auf die Kosten der bislang fruchtlos geführten Debatten um eine Verfassungsreform hin, etwa in Gestalt einer Gefahr des Revanchismus bzw. der Gegenreform, sollten die schon so lange angekündigten Reformen nicht endlich verwirklicht werden. Zudem könnte die fortgesetzte Debatte, bliebe sie ergebnislos, zu wachsender Unsicherheit in der Bevölkerung über die Grundlagen des Staatswesens und einer gewissen Delegitimierung des geltenden Verfassungssystems führen.[113] Auch diese Argumente sind nicht von der Hand zu weisen. Wenn also tatsächlich weitere

---

[112] Berlusconi selbst hatte bei seinem Amtsantritt als Ministerpräsident eine Lösung dieses Konfliktes innerhalb der ersten 100 Tage versprochen. Ein entsprechender Gesetzentwurf der Regierung, der jedoch wenig ambitioniert ist und nicht geeignet scheint, den Interessenkonflikt wirklich zu lösen, liegt seit über zwei Jahren im Parlament und kommt nicht voran (vgl. den Entwurf S. 1206-B vom 01. Oktober 2003, ursprünglich C. 1707 vom 28. Februar 2002). Statt dessen ist der Erlaß einer Reihe von Gesetzen zu Berlusconis persönlichen Gunsten und zugunsten ihm nahestehender Klientel zu verzeichnen, wie etwa die Aufhebung der Erbschafts- und der Schenkungssteuer, die Möglichkeit der Legalisierung von „Schwarzgeldern" aus dem Ausland oder die Erschwerung des internationalen Austausches von Unterlagen der Strafverfolgungsbehörden. Selbst von Anhängern des Mitte-Rechts-Bündnisses wird angesichts gleichzeitiger Untätigkeit in den drängenden sozialen und ökonomischen Fragen Italiens, deren Sinnbild die Krise des FIAT-Konzerns ist, deshalb immer mehr Kritik an der Prioritätensetzung der Regierung Berlusconi laut.

[113] Vgl. in diesem Sinne Marco Cammelli: Le riforme costituzionali, un „mito" necessario, in: *Il Mulino*, Jg. 53, No. 1/2004, S. 30-38.

Verfassungsreformen geboten sind, dann fragt sich, inwiefern das Vorhaben der Regierung Berlusconi geeignet ist, die bestehenden politischen und institutionellen Probleme Italiens im Sinne einer wirklichen Modernisierung zu lösen?

Das Ergebnis ist ernüchternd. In bezug auf keinen der zentralen Punkte (vgl. auch Kapitel 4) hält der nach der ersten Lesung des Senats vorliegende Entwurf zur großen Verfassungsreform einer kritischen Überprüfung stand, d.h. (a) Verbesserung des Entscheidungssystems und der Regierungsfähigkeit sowie (b) Komplettierung der bisherigen Reformen (insbesondere der Föderalismusreform) und Beendigung des Transformationsprozesses.

(a) Wunsch der seit 1992/93 angestrebten Verfassungsreformen war bzw. ist es, Italien auf Augenhöhe zu bringen mit den anderen europäischen Regierungen, insbesondere den „großen drei", Großbritannien, Frankreich und Deutschland, wozu stabile innenpolitische Verhältnisse mit Regierungen, die mindestens eine volle Legislaturperiode im Amt bleiben, eine wesentliche Voraussetzung sind. Auch sind die italienischen Bürgerinnen und Bürger des permanenten Wechsels überdrüssig. Weiteres Ziel war es, keine Regierungen zuzulassen, die nicht unmittelbar vom Volk gewollt bzw. legitimiert sind, wie dies in der ersten Republik die Regel und auch noch in der zweiten Republik zum Teil der Fall war.[114] Dieser „Tradition", die wiederum in der Kultur des *trasformismo* verwurzelt ist, welche bis in die 80er Jahre des 19. Jahrhunderts zurückreicht, aber immer weniger Akzeptanz in der Bevölkerung findet, soll ein endgültiges Ende bereitet werden. Tatsächlich war – neben anderen Gründen – die Instabilität der Mitte-Links-Regierungen 1996-2001, welche gerade nach dem Ende der Regierung Prodi kaum noch eine effektive Regierungspolitik zuließ, ein Grund für die Niederlage des *Ulivo* bei den Parlamentswahlen 2001. Stabilität und größere Regierungsfähigkeit stehen deshalb auch bei der geplanten Verfassungsreform der Regierung Berlusconi II ganz oben auf der Liste der Rechtfertigungsgründe.

---

[114] Weder die sogenannte „Regierung der Fachleute" unter Ministerpräsident Dini, welche die Regierung Berlusconi I 1995 ablöste, noch die Regierungen D'Alema und Amato, welche der Regierung Prodi II 1998 folgten, waren Ergebnis der Entscheidung durch das Wahlvolk, sondern wurden von Parteien und Personen gestützt, welche bei den jeweils vorangegangen Wahlen zu den Verlierern gehört hatten.

Dabei wird jedoch einiges an Fakten unterschlagen, vor allem, daß Italien seit 1993 in diesen Bereichen bereits erhebliche Fortschritte gemacht hat. Im Vergleich zur ersten Republik nämlich haben die italienischen Regierungen im Zuge der Bipolarisierung eindeutig an Stärke und – trotz der bereits gemachten Einschränkungen – auch an durchschnittlicher Lebensdauer gewonnen. Es wurden verschiedene Maßnahmen getroffen, welche die Durchsetzungsfähigkeit der Regierung verbessert haben. So wurde z.B. das parlamentarische Verfahren in seinen Abläufen gestrafft, wodurch der beliebten Obstruktionspolitik vermittels Verzögerungstaktiken durch die jeweilige Opposition Grenzen gesetzt worden sind. Auch wurde durch die bereits angesprochenen Reformen des Präsidialamtes und der Ministerien (Gesetzesdekrete No. 300 und No. 303/1999 sowie nachfolgende Änderungen und Ergänzungen) die Handlungskompetenz des Ministerpräsidenten im Sinne von mehr Führung und Koordination in den letzten Jahren bereits deutlich vergrößert. Daß dieser nicht handlungsfähig sei, ist deshalb eine Mär. Darüber hinaus ist auf verschiedene „Gepflogenheiten" im Regierungssystem Italiens hinzuweisen, die zwar unter Demokratie-Aspekten mehr als diskussionswürdig sind, aber in jedem Falle allesamt der Regierung erhebliche Handlungskompetenzen verschaffen, die in manch anderem Land in dieser Form undenkbar wären. An erster Stelle ist hier das Verfahren der *leggi delega* zu nennen, mit Hilfe derer die Regierung durch das Parlament zum Erlaß von Gesetzen (*decreti legislativi*) ermächtigt wird. Der umfangreiche Gebrauch dieses Mittels und das Ausmaß an gesetzlichen Entscheidungsspielräumen haben das italienische Verfassungsgericht bereits mehrfach zum Einschreiten gezwungen. Hinzu kommt die *decretazione d'urgenza*, d.h. die Anwendung und vielmalige Verlängerung von eigentlich nur übergangsweise, vor allem in Krisensituationen, und nur für kurze Zeit (maximal 60 Tage) zulässigen Regierungsdekreten (*decreti legge*); auch hier hat das Verfassungsgericht mehr als einmal Einspruch erhoben.[115] Nicht zuletzt ist auf den überreichlichen Gebrauch der Vertrauensfrage hinzuweisen, die als Instrument zur Überwindung der innerkoalitionären Differenzen in den höchst heterogenen Bündnissen herhalten muß, sich aber mehr denn je als wirksames Mittel erweist. All die genannten Elemente sind Standard italienischer Gesetzgebung und bedeuten natürlich (zum

---

[115] Vgl. Valerio Onida, a.a.O., S. 22ff.

Teil in schlechter alter Tradition der ersten Republik) eine Art des Regierens im permanenten Ausnahmezustand. Doch dokumentieren sie zugleich die Durchsetzungsfähigkeit der italienischen Regierung.

Kurzum: Die Regierungen Italiens sind in der zweiten Republik handlungsfähig, weitaus mehr als noch in der ersten und sogar mehr als in manch anderer Demokratie mit nominell starker Exekutive. Bereits die Vorgänger-Regierungen Berlusconis haben eine bis dahin unbekannte Regelungsgewalt an den Tag gelegt. Auch ist das Laster der Detailgesetzgebung in Gestalt der sogenannten *leggine*, d.h. der „Mini-Gesetze", in den letzten Jahren weniger geworden. Statt dessen wird versucht, Problembereiche durch eine in sich geschlossenere und vereinfachende Gesetzgebung zu lösen. Dementsprechend werden die geltenden Gesetze in einigen Bereichen reduziert bzw. zu sogenannten *testi unici* zusammengefaßt. Zudem hat sich die Regierung im Bereich deliberativer Politik und Verhandlungsdemokratie erhebliche Aktionsräume zugelegt und verfügt über eine umfassende Kontrollfunktion, selbst in weitgehend dezentralisierten Bereichen. Nicht einmal die eingeleitete Föderalisierung mit dem bereits erfolgten Kompetenztransfer im Bereich von Gesetzgebung und Verwaltung auf die Regionen hat, trotz zum Teil chaotischer Zustände, die Regierung der Fähigkeit beraubt, Reformen in zentralen Feldern, wie Bildung und Schule, Einwanderung oder Rente in Angriff zu nehmen und auch umzusetzen.

Die in der ersten Republik beklagten „Auswüchse an Gegenmacht" zur Exekutive gibt es lange nicht mehr, wie gerade die Regierungsführung Berlusconis, der ein Gesetz nach dem anderen durch das Parlament peitschen läßt, wie z.B. die Gesetze zur Immunität der höchsten Staatsämter, zur Strafprozeßordnung, zur Bilanzfälschung, dem Mediensektor usw. demonstriert. Eher scheint vielfach das Gegenteil der Fall zu sein. Mittlerweile nämlich sind Machtkonzentration und Personalisierung nicht weniger große Probleme des politischen Systems Italiens. Die Probleme Regierungsstabilität und politische Durchsetzungsfähigkeit der Exekutive haben sich jedenfalls deutlich relativiert im Vergleich zur ersten Republik.

Das bedeutet nicht, daß nicht weitere Reformen vorteilhaft wären, doch sie müssen mit Augenmaß und unter dem Gebot der Angemessenheit bzw. Verhältnismäßigkeit erfolgen. Regierungsfähigkeit zu garantieren bzw. zu verbessern ist eine Sache, die direkte oder indirekte Aushebelung von Verfassungsgarantien eine andere. Der Grat, auf dem die Regierung Berlusconi hier wandert, ist äußerst schmal. Verfassungsreformen per absoluter Mehrheit durchzuboxen, bei denen die Rechte der Mehrheit weiter vergrößert werden, aber zugleich effektive Verfassungsgarantien fehlen und Informationsfreiheit, Parteienfinanzierung und die Rechte der Opposition ungeregelt bleiben, und obendrein gleiche Verhältnisse im Wahlkampf fehlen, das muß Anlaß zur Kritik sein. Liest man den vorliegenden Entwurf vor dem Hintergrund der realen Situation Italiens in Politik und Medien, so hat er durchaus autoritäres Potential. Angesichts der Gesamtanlage des Regierungsentwurfes 2544 scheint der Aspekt der Regierungsfähigkeit in der Tat mehr ein Vorwand zur Verwirklichung persönlicher machtpolitischer Ziele zu sein. Vergessen wir nicht, daß das Mehrheitswahlrecht und die Reformen der 1990er Jahre auf allen politischen Ebenen bereits mehr Regierungsfähigkeit bewirkt haben. Mit der Regierung Berlusconi steuert man sogar erstmals auf eine Regierung zu, die möglicherweise eine komplette Legislaturperiode überdauert. Am 05. Mai 2004 hat sie mit 1060 Amtstagen zumindest den Rekord als längste Regierung Italiens nach dem Zweiten Weltkrieg schon gebrochen. Im Unterschied zu früheren Zeiten haben die zahlreichen Differenzen und Krisen der Regierungskoalition – zumindest bislang – nicht zu einem Ende der Regierung oder einer Neubildung geführt: das ist ein Novum.

Auch sind die Rollen von Regierung und Opposition in der zweiten, bipolar strukturierten Republik indes sehr klar verteilt, und von den sechs Regierungen der zweiten Republik wurden immerhin drei direkt vom Wähler bestimmt. Die mangelnde Kohäsion der Parteien ist eher eine Frage der politischen Kultur und des Wahlsystems als eine Frage institutioneller Mechanik. Parteienvielfalt und Interessengegensätze konnten – wie im vorangegangenen dargestellt – selbst durch die durchgeführte Reform des Wahlsystems nicht oder nur bedingt beeinflußt werden. Die Fragmentierung des politischen Systems wird auch durch Verfassungsreformen nicht direkt zu beeinflussen sein, es handelt sich vielmehr um ein Problem der Abkoppelung des Parteiensystems von der gesellschaftlichen Realität Italiens.

Die bereits durch den Übergang zum Mehrheitssystem erfolgte Personalisierung des politischen Systems und Parteienwettbewerbs Italiens würde mit der Verfassungsreform 2544 auf die Spitze getrieben. Nicht nur, daß die bipolare Struktur durch die fast uneingeschränkte Gültigkeit der Mehrheitsregel im institutionellen Zusammenspiel und bei der Wahl der Verfassungsorgane letztlich allgegenwärtig ist und in der Verfassung verankert wird. Hinzu gesellt sich, das hat Berlusconi in seiner bisherigen dreijährigen Amtszeit wiederholt dokumentiert, eine Vorstellung der jetzigen Regierungsmehrheit von Demokratie, die sich darin erschöpft, die Parlamentswahlen zum Plebiszit zu erklären, das die obsiegende Koalition dazu legitimiert, schalten und walten zu können, wie es ihr beliebt. Zudem will Ministerpräsident Berlusconi einer Ankündigung vom 30. März 2004 zufolge das Wahlrecht erneut ändern, möglichst noch im Jahr 2004. Das Mehrheitswahlrecht soll so gestaltet werden, daß die siegreiche Koalition nochmals zusätzlich mit weiteren Sitzen im Parlament belohnt wird, um auf diese Weise noch stabilere Mehrheiten zu schaffen. Bei den dann in der nächsten Legislaturperiode möglicherweise bereits geltenden neuen demokratischen Spielregeln könnte das „Diktat der Mehrheit" auf diese Weise erdrückend werden. Daß es in einer funktionierenden liberalen Demokratie – allzumal einer föderal organisierten – Räume geben muß, in denen das Prinzip der Mehrheit keine Anwendung findet bzw. durch Quoren, Proporzregelungen etc. aufgebrochen wird, um einen entsprechenden Ausgleich zu schaffen und die demokratische Ordnung auf Dauer zu garantieren, gehört zu den Grundannahmen der Demokratielehre, aber offenkundig nicht zu den Einsichten weiter Teile der regierenden Mitte-Rechts-Parteien Italiens, allen voran des amtierenden Ministerpräsidenten selbst. Das Mehrheitsprinzip ist notwendig und im Sinne demokratischer Entscheidungsfähigkeit unverzichtbar, muß aber im Rahmen der Sicherung der Rechte der Minderheiten Anwendung finden. Nicht zuletzt deshalb, weil das Mehrheitswahlrecht bekanntermaßen auch einer prozentualen Minderheit zum Sieg verhelfen kann. Die uneingeschränkte Ausübung des Mehrheitsprinzips führt langfristig zur Selbstauflösung der Demokratie. Mehrheiten sind per Wahlentscheid legitimiert, ein Regierungsprogramm auf Zeit durchzusetzen, nicht aber die Grundlagen der parlamentarischen Demokratie im Alleingang zu ändern. Die Brechung des reinen Mehrheitsprinzips ist für alle Bereiche, welche die demokratischen „Spielregeln" betreffen, wie etwa die Verfassungsorgane und ihre Wahl, die Geschäftsordnungen beider Kammern und eben Verfassungsänderungen selbst, in besonderer Weise geboten.

Problematisch ist auch und vor allem die geplante Machtfülle des italienischen Regierungschefs. In keiner westlichen parlamentarischen Demokratie existiert bislang ein direkt gewählter Premier mit solch weitreichenden Kompetenzen wie dies nun für den italienischen Premier geplant ist. Wegen des Automatismus der Parlamentsauflösung im Falle des ausgesprochenen Mißtrauens gegenüber dem Premier wird die Mehrheit dieses Mißtrauen wohl nur in den allerseltensten Fällen aussprechen. Ein Premier, der seine Mehrheit nach Belieben steuern kann, bedeutet nicht unbedingt mehr, sondern eher weniger Demokratie.

Ein noch größeres Problem als die geplante Machtfülle des Premiers ist das Fehlen entsprechender Gegenmacht bzw. institutioneller Gegengewichte: Abgeordnetenkammer, Staatspräsident und Verfassungsgericht werden geschwächt, während die Regionen und die parlamentarische Opposition nicht als Gegengewichte aufgebaut bzw. gestärkt werden, ebenso wie auch die Elemente direkter bzw. partizipativer Demokratie nicht verbessert werden. Das Konzept läuft deshalb auf eine Aushebelung der *checks and balances* hinaus. So werden z.B. die Rechte der Opposition und des Oppositionsführers der Geschäftsordnung überlassen und nicht in der Verfassung festgeschrieben. Auch hat die Opposition kein Recht auf Einberufung eines parlamentarischen Untersuchungsausschusses, dieses Recht liegt in der Hand der Mehrheit. Eine Regelung, nach deutschem oder britischem Vorbild, wonach der Vorsitz von Parlamentsausschüssen oder anderen Gremien mit Kontroll- und Garantiefunktion von der jeweiligen Opposition geführt wird, fehlt. Das Recht auf Anrufung des Verfassungsgerichts bleibt der parlamentarischen Opposition ebenfalls versagt. Ein weiterer Unsicherheitsfaktor besteht darin, daß an vielen Stellen des Gesetzentwurfes auf Parlamentsgesetze verwiesen wird, die vielfach näheres bestimmen, wie z.B. den exakten Vorgang der Wahl des Premiers, damit aber die Entscheidungsgewalt letztlich in die Hand der kommenden Mehrheit gelegt wird. Auch in den zentralen Bereichen Justiz und Medien besteht die akute Gefahr einer Verringerung der *checks and balances*, denn nach der neuen Verfassung würden Justizreform und Medienrecht zukünftig nur noch von der Abgeordnetenkammer allein entschieden werden, beherrscht von einer starken Mehrheit und einem Premier, der diese Mehrheit politisch und konstitutionell weitgehend im Griff hat. Zugleich wird die bereits angesprochene Praxis der *deleghe legislative*, bei der die Regierung durch das Parlament zur Gesetzgebung ermächtigt wird, was vielfach „Blanko-Schecks" in wichtigen politischen Fragen gleichkommt, nicht angetastet.

(b) Hinsichtlich der Frage der effektiven politischen Teilhabe der Regionen an der staatlichen Politik und der Wahrung regionaler Interessen sowie der Sicherung der notwendigen Einheit in der regionalen Vielfalt im Sinne eines (vorläufigen) Abschlusses der Föderalisierung Italiens, muß das Urteil ebenfalls negativ ausfallen. Insbesondere die intendierte Senatsreform birgt verschiedene Risiken. Wegen der zunächst zeitgleichen Wahl beider Kammern des Parlaments sind erst einmal ähnliche Mehrheiten beider Kammern zu erwarten, da die Parlamentswahlen ganz im Zeichen der „Direktwahl" des Premiers stehen dürften. Damit hätte der neue Premier letztlich politisch völlig freie Bahn. Sollte die Abgeordnetenkammer aber innerhalb der Legislaturperiode aufgelöst werden, könnte es zu langfristig unterschiedlichen Mehrheiten kommen, weil der Senat ja nicht aufgelöst werden kann und sich die Wahltermine so sukzessive auseinanderentwickeln. In diesem Fall könnte der Senat in der Tat zu einem institutionellen Gegengewicht mit einflußreichen Senatoren werden, jedoch möglicherweise so einflußreich, daß die Regierungsfähigkeit durch den Zwang zur Schaffung variabler Mehrheiten und die Verhandlung mit einzelnen Senatoren und Gruppen letztlich möglicherweise wieder in Frage gestellt würde. Vor allem, weil der Senat keine wirkliche Territorialvertretung ist und bei Anwendung des Verhältniswahlrechtes somit absehbar in die Hand der (kleinen) Parteien fallen dürfte, gleichzeitig aber in zentralen Fragen der konkurrierenden Gesetzgebung von Staat und Regionen, wie etwa Wirtschaft, Forschung, Transport und Verkehr, erhebliche Kompetenzen besitzt. Die Regionen und lokalen Gebietskörperschaften haben zur selben Zeit keine wirkliche Interessenvertretung. Aufgrund der (zunächst) zeitgleichen Wahlen von Abgeordnetenkammer, Senat und Regionalräten dürfte es zu einer Nationalisierung des Senats und der Regionalräte kommen anstatt zu einer Regionalisierung der zweiten Kammer. Das bedeutet letztlich eine schwierige institutionelle Konfliktlage zwischen einer Abgeordnetenkammer im Griff eines starken Premiers einerseits sowie langfristig möglicherweise starken Senatoren und mit Sicherheit unzufriedenen Regionen andererseits. Eine effektive institutionelle Verbindung von Staat und Regionen wird nicht geschaffen und somit wird es auch in Zukunft keine wirksame Institution der Konfliktverarbeitung und Konfliktbewältigung zwischen den Ebenen geben. Weder Regierungsfähigkeit noch föderale Kontrolle im Sinne vertikaler Gewaltenteilung wären in diesem System tatsächlich gegeben. Hinsichtlich der Garantie der nationalen Einheit ergibt sich ein nicht minder widersprüchliches Bild. Einerseits erfolgt die Wiedereinführung der Klausel des „nationalen Interesses", und das auf eine Weise, die eine politische Kontrolle des Zentralstaates über die Regionen ermöglicht, welche weit jenseits des gebotenen Ziels einer Garantie der sozialen Grundrechte bzw. Mindeststandards in ganz Italien liegt und den mühsam erreichten föderalen Gehalt des politischen Systems Italiens auszuhebeln droht. Auf der anderen Seite werden den Regionen neue, ausschließliche Gesetzgebungskompetenzen verliehen, von denen man, insbesondere wegen der Interpretationsfähigkeit der verschiedenen Bestimmungen des Verfassungstextes, nicht recht weiß, wie weit sie in der Praxis tatsächlich reichen werden und ggf. doch eine Gefahr zu großer regionaler Unterschiede in zentralen Bereichen des gesellschaftlichen Lebens darstellen. Der politisch größte Fehler der *Lega Nord* könnte es gewesen sein, statt auf eine effektive Repräsentanz und Mitbestimmung im Senat zu drängen, also auf eine wirklich föderale zweite Kammer zu setzen, ihr innerkoalitionäres Gewicht in Sachen *devolution* in die Waagschale geworfen zu haben, um kurzfristig ihre Wahlchancen bei den Wahlen am 13. Juni 2004 bzw. den nächsten Parlamentswahlen (2006) zu verbessern. Die geplante Verfassungsreform der Regierung Berlusconi ist angesichts dessen auch ein unmittelbares Abbild des extremen Gezerres um die föderale Reform Italiens, über deren konkrete Ausgestaltung auch nach mehr als einem Jahrzehnt intensiver Debatte noch immer keine klare Linie erkennbar ist. Statt dessen dominiert eine Politik nach dem Muster: „zwei Schritte vor, einen zurück".

Das zeitliche Zusammenfallen zweier zentraler Gesetzesinitiativen der Regierung Berlusconi II am 24. und 25. März 2004 im italienischen Parlament, nämlich das Gesetz zur Ordnung des Mediensektors und das Gesetz zur Verfassungsreform, machen die zentrale Problematik jenseits der zahlreichen einzelnen kritischen Punkte der beabsichtigten institutionellen Reformen deutlich. Solange der Interessenkonflikt Berlusconis als Ministerpräsident und (Medien-)Unternehmer nicht gelöst ist, verbietet sich aus Gründen der Vermeidung einer weiteren Gefährdung der italienischen Demokratie jede Maßnahme zur Stärkung der Macht des Regierungschefs, gleich ob Berlusconi wiedergewählt werden sollte oder nicht.[116] Die geplante institutionelle Konfiguration bezüglich der Macht des

---

[116] Bemerkenswert und zugleich erschreckend ist allerdings die Tatsache, daß laut Umfragen (*Eurisko*-Studie vom November 2002) 34,2% der Italiener/innen der Meinung sind, der

Premierministers ist an und für sich nicht unproblematisch, darin sind sich auch die meisten Politikwissenschaftler Italiens einig. So kommentierte beispielweise Gianfranco Pasquino: „Der italienische Premierminister wird ein wahrhafter ‚Diktator' seiner Mehrheit und des Parlamentes"[117] und auch Giovanni Sartori sprach von der „Diktatur des Premiers über die Diktatur seiner Mehrheit"[118]. Aber die Macht des Premiers und das Mehrheitsprinzip in einem Land auszuweiten, in dem der jetzige Ministerpräsident eine umfassende Kontrolle über den Informationssektor hat und die parlamentarischen Rechte der Opposition auf tönernen Füßen stehen, ist schlicht inakzeptabel und demokratisch unverantwortlich.

Die Reform des Regierungssystems müßte vielmehr Hand in Hand gehen mit entsprechend konkreten Verfassungsartikeln zur Bannung von politisch-ökonomischen Interessenkonflikten, mit Garantien der Informationsfreiheit und -vielfalt (Novellierung des Art. 21 C.I.) sowie mit einem Mediengesetz, das anstatt die Expansion von Berlusconis Konzern *Mediaset* zu begünstigen, wie die am 29. April 2004 endgültig verabschiedete *legge Gasparri*, tatsächlich die Chancengleichheit im politischen Wettbewerb durch einen paritätischen Zugang zu den elektronischen Massenmedien und eine gerechte Verteilung der Werbeeinnahmen sicherstellt. Sämtliche Forderungen seitens der Zivilgesellschaft wie auch der parlamentarischen Opposition sind jedoch, wie bereits bei anderen Großprojekten, etwa der Rentenreform oder der Schul- und Universitätsreform, bislang ungehört verhallt. Dabei müssen sich die verschiedenen Mitte-Links-

---

Interessenkonflikt Berlusconis als Medienunternehmer und Ministerpräsidenten sei ohne jeden Einfluß auf die Regierungstätigkeit. Denjenigen, die Berlusconi wählen bzw. gewählt haben, ist der Interessenkonflikt nahezu gleichgültig, denn 79,4% der *Forza Italia*-Wähler sehen dies nicht als Problem. Im Gegenteil ist die Macht eines starken Ministerpräsidenten Berlusconi ein wesentlicher Beweggrund, ihn zu wählen. Während 42% der italienischen Bevölkerung der Meinung sind, daß die Informationsfreiheit in derzeit Italien gefährdet ist, sehen nur 8,2% der FI-Wähler eine solche Gefahr; vgl. Diamanti: Bianco, rosso, verde ... e azzurro, a.a.O., S. 133. Insofern hat sich auch die lange verfochtene Strategie der Mitte-Links-Opposition, so richtig sie im Sinne der Demokratie auch war, allein den Interessenkonflikt in den Mittelpunkt der politischen Debatte zu rücken und weitgehend auf eigene programmatische Alternativen zu verzichten, als stumpfe Waffe herausgestellt.

[117] Vgl. Gianfranco Pasquino: Ma l'ultima parola l'avranno gli elettori, in: *Il Mattino di Padova* vom 25. März 2004.

[118] Vgl. *Corriere della Sera* vom 27. Januar 2004.

Regierungen der Jahre 1996-2001 den Vorwurf gefallen lassen, dieses Problem nicht rechtzeitig gelöst zu haben, als sie dazu die Möglichkeit besaßen.[119] Der offenkundige politische Kuhhandel, der zwischen *Lega Nord* und *Forza Italia* vollzogen wurde – die *Lega Nord* hatte damit gedroht, das Mediengesetz im Senat scheitern zu lassen, wenn nicht im Gegenzug die *devolution* verabschiedet würde – , ist darüber hinaus Indiz für ein zweifelhaftes Politikverständnis im Mitte-Rechts-Lager, das selbst die Verfassung zum Tauschobjekt degradiert. Vor diesem Hintergrund ist auch die Argumentation, daß das praktizierte Verfahren der Mitte-Rechts-Regierung, im Alleingang die Verfassung umkrempeln zu wollen, legitim sei[120], höchst gefährlich.

Formell hat zwar das Volk im abschließenden Referendum das Wort, doch ist angesichts einer medialen Omnipräsenz Berlusconis und der zu erwartenden massiven öffentlichen Kampagne zugunsten des Reformgesetzes die Frage erlaubt, ob die Bürgerinnen und Bürger hier tatsächlich die notwendigen Informationen erhalten werden, um unabhängig und in voller Kenntnis der Tragweite der Reformen abstimmen zu können. Hinzu kommt, daß es sich um eine höchst komplexe Materie institutioneller Mechanik handelt und der Teufel häufig im Detail steckt, nämlich in den spezifischen Wechselwirkungen, die erst auf den zweiten und dritten Blick erkennbar werden. Institutionelle Reformen dieser Art führen selten zu Massenprotesten, und tatsächlich stoßen die Verfassungsreformen – anders als noch Mitte der 1990er Jahre – in Italien bislang auf wenig Interesse bei der Bevölkerung. Sie rangieren deutlich hinter den Nachrichten um Berlusconis Facelifting vom Januar 2004 oder seinem Eintreten für ein finanzielles Intervenieren des Staates zur Rettung hoch verschuldeter italienischer Fußballclubs. Nach all den erfolglosen Anläufen ist in der italienischen Öffentlichkeit eine Reformmüdigkeit zu erkennen, die nicht ungefährlich ist. Auch stellt sich das Problem, daß die Reform dem Volk als „Paket" zur Abstimmung vorgelegt werden dürfte und damit eine differenzierte Entscheidung verhindert wird. So dürften nicht nur voneinander unabhängige Verfassungsteile gemeinsam abgestimmt werden, sondern auch demokratisch problematische mit unproblematischen Punkten verbunden werden. Insofern wird das Referendum die

---

[119] Vgl. hierzu auch Susanne Böhme-Kuby: Der aufhaltsame Wiederaufstieg des Silvio Berlusconi, in: *Blätter für deutsche und internationale Politik*, No. 5/2001, S. 574-580.

[120] Vgl. Bin, a.a.O.

Regierung kaum davon abhalten, ihre Ziele eins zu eins durchzusetzen. Unter Zuhilfenahme größtmöglicher Verschleierung und Vereinfachung dürfte die Verfassungsreform vielmehr zum neuerlichen Plebiszit für oder gegen die Regierung hochstilisiert werden, ohne den schwierigen Sachverhalten wirklich Rechnung zu tragen. Die Gefahr, eine große Verfassungsreform, welche qua Natur auf Dauer angelegt ist, von momentanen politischen Stimmungen abhängig zu machen, unterstreicht die generelle Notwendigkeit von Verfassungsreformen auf breitem politischen und gesellschaftlichen Konsens.

Das Risiko einer Gegenreform nach den nächsten Parlamentswahlen im Falle eine Regierungswechsels ist ebenfalls kein stichhaltiges Argument für eine erhoffte bzw. erwartete Kompromißbereitschaft der jetzigen Regierung. Abgesehen von der Ungleichheit der Waffen im Wahlkampf würde dies nämlich eine breite und sichere Mehrheit der jetzigen Opposition voraussetzen. Ob Mitte-Links diese erreichen kann, ist fraglich. Gerade das Beispiel der Föderalismus-Reform 2001 zeigt, daß einmal durchgesetzte umfassende Änderungen im Verfassungssystem Fakten schaffen, die nicht so leicht wieder zurückzudrehen sind. Denn auch die Regierung Berlusconi II hat ihre ursprüngliche Absicht einer wirklichen Gegenreform des Titels V der Verfassung letzten Endes aufgeben müssen. Unabhängig von dieser Frage ist vom Regierungslager bislang keinerlei Entgegenkommen bei den Forderungen der Opposition und ihren im Parlament eingebrachten Änderungsanträgen festzustellen.[121]

Die seit Mitte der 1990er Jahre, insbesondere nach dem Scheitern der drei Reformkommissionen beider Parlamentskammern wiederholt vorgebrachten Vorschläge, die Verfassung doch im Wege einer neuen verfassungsgebenden Versammlung (gewählt nach dem Verhältniswahlrecht) von Grund auf zu erneuern, anstatt nur Stückwerk zu betreiben, mit der Folge abnehmender Kohärenz, wären der demokratischere und möglicherweise erfolgversprechendere Weg als die von beiden Lagern unternommenen Alleingänge.[122] Zuletzt war es

---

[121] Dabei hat es an Änderungsanträgen der Mitte-Links-Parteien nicht gemangelt. In der zuständigen Kommission des Senats waren es ca. 500, im Plenum noch mehr.

[122] Auch in dieser Legislaturperiode wurden wieder zahlreiche Gesetzinitiativen zur Einberufung einer verfassungsgebenden Versammlung in beiden Kammern des Parlaments eingebracht, und zwar sowohl aus dem Mitte-Links- als auch aus dem Mitte-Rechts-Lager; vgl. u.a. die Gesetzesentwürfe C (*Camera*) 182 vom 12. Oktober 2001, C 375 vom 31. Mai

in der Person von Massimo Cacciari einer der Exponenten der *Margherita*, welcher nach der ersten Abstimmung des Senats über die Reform 2544 im März 2004 vorgeschlagen hat, das parlamentarische Verfahren zu unterbrechen, um die Verfassung gemeinsam und auf breitem Konsens zu reformieren. Tatsächlich läuft Italien, wo seit 1999 die Verfassung in Mini-Schritten erneuert wird, Gefahr, in eine konstitutionelle Schieflage zu geraten, auch infolge eines nicht auszuschließenden Szenarios ständiger Verfassungsänderungen bei wechselnden Mehrheiten im Rhythmus von fünf Jahren.

Insgesamt drei Lesungen stehen dem Reformpaket der Regierung Berlusconi jedoch noch bevor und im parlamentarischen Verfahren sind insbesondere in der ersten Lesung durch die Abgeordnetenkammer noch einige Änderungen zu erwarten. In Regierung und Opposition setzen nicht wenige darauf, daß das Gesetz in dieser Legislaturperiode nicht mehr verabschiedet werden kann bei entsprechenden Verzögerungstaktiken und Zwietracht im Regierungslager. Würde die Reform in der Abgeordnetenkammer nicht namentlich, sondern in geheimer Wahl abgestimmt, wäre eine Verabschiedung tatsächlich gefährdet. Das ist aber nicht der Fall. Die Hoffnung auf ein erneutes Scheitern der italienischen Verfassungsreformen ist möglicherweise trügerisch, denn eine Verabschiedung des Reformpakets noch im Jahr 2005 und ein Referendum noch vor den nächsten regulären Parlamentswahlen im Frühjahr 2006 ist nicht nur möglich, sondern auch erklärtes Ziel von *Lega Nord* und *Forza Italia*. Dies hat schließlich auch damit zu tun, daß die Mitte-Rechts-Koalition bei den letzten Parlamentswahlen 2001 mit dem expliziten Ziel angetreten ist, den politisch-institutionellen Transitionsprozeß zu beenden und sie nun diesbezüglich bei ihren Wählerinnen und Wählern im Wort steht. Dieses Wahlversprechen nicht einzulösen, würde einen erheblichen Glaubwürdigkeitsverlust nach sich ziehen.

Doch es gibt außer dem Umstand, daß bei diesem, nunmehr vierten Anlauf einer umfassenden Verfassungsreform die Regierung selbst die treibende Kraft ist und dabei über eine bis zum Jahr 2001 in Italien unbekannt breite parlamentarische Mehrheit (die größte der Nachkriegsgeschichte) verfügt, weitere wesentliche Unterschiede zu den Reformversuchen der Vergangenheit, welche die Chancen auf eine Umsetzung diesmal deutlich erhöhen. Hierzu gehört, daß viele

---

2001 und C 2350 vom 05. März 2002 sowie S (*Senato*) 341 vom 18. Juli 2001, S 542 vom 16. Oktober 2001, S 618 vom 16. Oktober 2001 und S 790 vom 16. Januar 2002.

Punkte zumindest im Grundsatz in den vorangegangenen Verfassungskommissionen auch seitens des Mitte-Links-Lagers bereits Zustimmung gefunden haben und es, ob es nun im Einzelfall stimmt oder nicht, der Regierung zumindest ermöglicht, sich in ihrem Alleingang auf diesen Umstand zu berufen und ihn damit zu legitimieren.[123] Schließlich kommt hinzu, daß der politisch-institutionelle Transformationsprozeß nun schon so lange andauert, daß dies zum ernsten Problem für Italien wird und die Wähler geneigt sein könnten, hier einen vermeintlichen Schlußpunkt setzen und die Dauerkrise beenden zu wollen.[124]

Die parlamentarische Opposition von Mitte-Links, die angesichts der Regierungspläne von „legalem Staatsstreich", „Peronismus" und anderem spricht[125], hat in jedem Falle bereits erbitterten Widerstand gegen die Verfassungsänderung angekündigt, was auch die Initiierung einer Volksabstimmung zur Abschaffung verschiedener Teile der Verfassungsreform („abrogatives Referendum" nach Art. 75 C.I.) beinhaltet, sollte diese tatsächlich das bestätigende Referendum (*referendum confermativo*) überstehen und in Kraft gesetzt werden.

Angesichts des mangelhaften Demokratieverständnisses der Regierung Berlusconi und eines insgesamt feststellbaren Verfalls der politischen Kultur ist die geplante Verfassungsreform mehr als problematisch. Vielmehr wäre statt dessen eine Verfassungsänderung des Art. 138 notwendig und zwar dahingehend, daß Verfassungsänderungen zukünftig nur noch mit Zweidrittelmehrheit beschlossen werden können. Im Sinne einer Demokratisierung käme auch eine Absenkung der vorgeschriebenen Mindestbeteiligung im Rahmen des soge-

---

[123] Tatsächlich ist auch der *Ulivo* im Grunde für einen starken Premier, wie nicht nur die letzte *Bicamerale* 1997 gezeigt hat, sondern auch im jüngsten Positionspapier zu den geplanten Verfassungsreformen vom 10. Dezember 2003, der sogenannten *bozza Amato*, nachzulesen ist (vgl.: www.riforme.net/leggi/bozza_Amato.htm). Das Mitte-Links-Bündnis verlangt dabei aber Ausgleichgarantien für die Opposition und weitere *checks and balances*, was die Regierung Berlusconi in ihrer öffentlichen Argumentation, die Opposition sei doch seit langem für eine Stärkung des Regierungschefs, jedoch stets unterschlägt. Wahrhaftig stellt die Reform 2544 unter dem Aspekt stärkerer Garantien für die Opposition einen deutlichen Rückschritt im Vergleich zu den bereits in der *Bicamerale* 1997 zwischen beiden Lagern erzielten Übereinkünften dar.

[124] Vgl. auch Tommaso Edoardo Frosoni: Luci ed ombre del progetto governativo di riforma costituzionale, in: *federlismi.it. Osservatorio sul Federalismo e i processi di governo, Rivista telematica*, www.federalismi.it; 23. Oktober 2003.

[125] Vgl. bspw. Franco Bassanini: Riforma costituzionale: un bilancio fallimentare, in: *L'Unità* vom 26. März 2004.

nannten „abrogativen Referendums" nach Art. 75 der Verfassung in Frage, bei gleichzeitiger Erhöhung der notwendigen Zahl an Unterschriften zur Initiierung eines solchen. Nachdem die Referenden wegen ihres inflationären Gebrauchs als Reforminstrument stumpf geworden waren – zuletzt ist im April 1999 der Versuch einer neuerlichen Änderung des Wahlrechts (Abschaffung des Proporzanteiles und Übergang zum reinen Mehrheitswahlrecht) trotz großer Zustimmung der Bevölkerung an der mangelnden Beteiligung gescheitert –, könnte diese Maßnahme zu einer Wiederbelebung führen und politischen Bewegungen der zivilgesellschaftlichen Basis wieder größeren Einfluß verleihen. Dieser und weitere Vorschläge zur Stärkung der partizipativen Demokratie in Italien findet sich u.a. auch im gemeinsamen Positionspapier der Mitte-Links-Parteien, der sogenannten *bozza Amato*. Hierzu gehört ferner die Verbesserung der Möglichkeiten für Gesetzinitiativen durch das Volk, die Einführung einer Verfassungsklausel, welche die Partizipationsmöglichkeiten in allen Bereichen des politischen, gesellschaftlichen und wirtschaftlichen Lebens garantiert und dabei entsprechende Instrumente und Verfahren benennt sowie die Schaffung der bislang fehlenden Möglichkeit einer direkten Verfassungsbeschwerde durch den einzelnen Bürger, wenn dieser seine Grundrechte verletzt sieht – analog zur Regelung in Deutschland.

Das Fazit bezüglich der geplanten Verfassungsreform der Regierung Berlusconi II kann angesichts all des Gesagten nur negativ ausfallen. Die Reform ist in sich höchst widersprüchlich. Sie komplettiert, schwankend zwischen Neozentralismus einerseits und *devolution* andererseits, weder das föderale System noch begrenzt sie wirksam den Einfluß der Parteien, da diese alle Institutionen in ihrem Griff haben werden. Mit ihr dürfte weder ein funktionierendes politisches System geschaffen noch der italienische Transformationsprozeß beendet werden. Mehr noch: Die Reform verschlechtert in ihrer jetzigen Form die gegenwärtige Situation der Demokratie Italiens und würde eine ernsthafte Gefahr für sie bedeuten. Die Gefährdung ist dreifacher Natur: national, subnational und in bezug auf das Vermittlungssystem von Zentrum und Peripherie, von Politik und Raum. Und das in einer Phase, in der – ähnlich wie in Deutschland – zahlreiche grundsätzliche Fragen der sozialen und wirtschaftlichen Ordnung Italiens auf der Tagesordnung stehen. Fehlendes Entgegenkommen und die Verweigerung des Kompromisses der Regierung gegenüber Opposition und Zivilgesellschaft sowie Regionen und lokalen Gebietskörperschaften bei einer Verfassungsreform dieser Tragweite wiegen besonders schwer. Eine solch tiefgreifende Reform muß unter dem „Schleier des Nichtwissens" bezüglich Ausgang der nächsten Wahl formuliert werden. Genau daran aber läßt der vorliegende Text zweifeln. Die Regierung ist offensichtlich siegesgewiß. So liegt letztlich der Verdacht nahe, daß durch die Verfassungsreform politische Vorstellungen durchgesetzt werden sollen, die aufgrund des geltenden Verfassungstextes nicht möglich sind und eher ideologischen oder anderen Zielen dienen als dem Wohle des Landes und der Allgemeinheit. Für sich genommen sind die einzelnen Verfassungsänderungen – zumindest auf den ersten Blick – nicht sonderlich bewegend, in ihrer Mehrzahl sind sie geradezu unspektakulär. Betrachtet man aber die Details in ihrer Summe und in ihren Zusammenhängen bzw. Wechselwirkungen sowie im gegenwärtigen politisch-gesellschaftlichen Kontext Italiens, so ergibt sich plötzlich ein ganz anderes Bild. Das hat die in diesem Buch vorgenommene ausführliche Analyse der Reformvorhaben offen legen können.

Umso mehr ist in Italien die Initiierung einer breiten Verfassungsdebatte nötig, einer Debatte, die nicht auf die Politik beschränkt bleibt, sondern die Zivilgesellschaft mit einbezieht, möglicherweise mit Anleihen beim Verfahren des Europäischen Konvents. Jede Verfassungsänderung hat weitreichende Folgen, wirkt in die Verfassungswirklichkeit und in gewachsene Beziehungsstrukturen und Rechtstraditionen hinein, und jede Verfassungsreform verursacht Transformationskosten. Bei einer so umfassenden Novellierung der Verfassung wie der geplanten aber stehen obendrein ganz fundamentale Fragen auf dem Spiel. Die Verfassung soll das politische, wirtschaftliche und soziale Leben der Gemeinschaft regeln und stützen, jenseits notwendiger Modernisierungen der Teilbereiche des gesellschaftlichen Lebens und sie soll gesellschaftliche und politische Veränderungen möglichst lange überdauern. Hierzu ist eine möglichst breite Anerkennung seitens der politischen und sozialen Kräfte notwendig, und genau deshalb darf über fundamentale Verfassungsänderungen nicht von (einfachen oder absoluten) parlamentarischen Mehrheiten allein entschieden werden. Genauso wenig sollten einzelne Elemente der großen Verfassungsreform Objekte des parteipolitischen Tauschhandels sein. Die Verfassung setzt nicht nur die Grenzen für die Gesetzgebung und gibt nicht allein den Rahmen vor, innerhalb dessen die Ausübung von Macht möglich ist. Sie ist die Grundordnung einer

Gesellschaft und die Basis nationaler Identität. Die Verfassung beschreibt Ziele, gibt Richtungen vor und schafft Orientierung. Somit geht es auch und gerade um Werte. Werte, die sich auch in der institutionellen Ordnung widerspiegeln. Die Frage, worauf die zweite Republik in dieser Hinsicht gründen soll, ist bislang jedoch nicht einmal in Ansätzen geklärt. Vielmehr gibt es auch in der italienischen Gesellschaft hierüber einen offenen Dissens. Die Politik ist sich ohnehin uneins.

5 Der politische und gesellschaftliche Kontext der Verfassungsreformen

In Italien finden wir derzeit eine äußerst schwierige Situation für Verfassungsreformen vor, bestehend aus einem ungelösten Interessenkonflikt des Ministerpräsidenten, der bereits das Europäische Parlament im April 2004 auf den Plan gerufen hat[126], Angriffen auf die Verfassung durch die Mitte-Rechts-Regierung und einer äußerst kontroversen Debatte über die Grundlagen der italienischen Demokratie. Die bereits durchgeführten, eingeleiteten und geplanten Reformen der Mitte-Rechts-Regierung Berlusconi II gehören in einen gesellschaftlich-ideologischen Gesamtkontext und werden erst vor diesem Hintergrund wirklich verständlich. Tatsächlich tobt in Politik und Gesellschaft Italiens bereits seit Jahren ein Kampf um die Interpretation der eigenen Historie als Fundament der Re-

---

[126] Vgl. den Bericht des Europäischen Parlaments vom 05. April 2004 zur Situation der Medien in Europa: Bericht A5-0230/2004 „über Gefahren der Verletzung des Rechts auf freie Meinungsäußerung und Informationsfreiheit (Artikel 11 Absatz 2 der Charta der Grundrechte) in der EU, vor allem in Italien" (2003/2237(INI), Ausschuß für die Freiheiten und Rechte der Bürger, Justiz und innere Angelegenheiten. Darin weist das Europäische Parlament darauf hin, daß Italien die größte Konzentration des audiovisuellen Marktes in Europa zeigt und „in Italien Gefahren einer schwerwiegenden und anhaltenden Verletzung des Rechts auf freie Meinungsäußerung und der Informationsfreiheit bestehen könnten". Der Ausschuß für Kultur, Jugend, Bildung, Medien und Sport geht in seiner Stellungnahme noch weiter und kommt in dem gleichen Bericht zu dem Schluß, daß wegen „der wiederholten Einmischung, Einflussnahme und Zensur seitens des Ministerratspräsidenten bei Programmgestaltung und personeller Besetzung des italienischen Staatsfernsehens RAI [...] in Italien tatsächlich Gefahren einer schwerwiegenden und anhaltenden Verletzung der Informationsfreiheit bestehen." Faktum ist, daß der italienische Ministerpräsident Berlusconi, anstatt den Interessenkonflikt zu lösen, seine Kontrollbeteiligung am *Mediaset*-Konzern sogar noch weiter ausgebaut hat: von 48,639% auf 51,023%. Das Europäische Parlament „betont seine tiefe Sorge über [...] den ausgebliebenen Vollzug der Urteile des italienischen Verfassungsgerichts, was gegen das Legalitäts- und das Rechtsstaatsprinzip verstößt, sowie über die Unfähigkeit Italiens, seinen audiovisuellen Sektor zu reformieren, was dazu geführt hat, dass das Recht der italienischen Bürger auf vielfältige Informationen, das auch in der EU-Charta der Grundrechte anerkannt wird, seit Jahrzehnten erheblich eingeschränkt ist". Deshalb fordert das EP „das italienische Parlament auf, [...] eine wirkliche, angemessene Lösung für das Problem eines Interessenskonflikts des Präsidenten des Ministerrats zu finden, der auch direkt den Hauptbetreiber des Privatfernsehens und indirekt das Staatsfernsehen, den wichtigsten Konzessionsinhaber im Werbebereich sowie zahlreiche andere mit dem audiovisuellen und dem Medienbereich verbundene Aktivitäten kontrolliert, und Maßnahmen zur Gewährleistung der Unabhängigkeit des öffentlich-rechtlichen Rundfunks zu ergreifen."

publik. Kennzeichen der Regierung Berlusconi II ist neben vielem anderen der Versuch einer gezielten Umdeutung der italienischen Geschichte und systematischen Relativierung der Verbrechen des italienischen Faschismus.[127] Umgekehrt hat Berlusconi eine einfache Gleichung für jedwede Kritik an ihm und seiner Regierung entwickelt, ganz gleich woher sie kommt: „Kommunismus!". Hierzu paßt die Infragestellung des Beitrages der *Resistenza* (in der die Kommunisten und Sozialisten eine tragende Rolle spielten) zur Befreiung Italiens von Faschismus und Nazismus und zur Gründung der ersten Republik. Mehr noch: Die regierende politische Rechte proklamiert offen die Befreiung von der angeblichen „kulturellen Dominanz" und „Bevormundung" der italienischen Gesellschaft durch die Linke. Mit der Aufkündigung des bisherigen gesellschaftlichen Konsenses über die Grundlagen der italienischen Demokratie verbindet sich der Versuch einer Änderung der Verfassung und ihrer Grundwerte. Auf diese Weise soll der ideologische Boden für die eingeleitete umfangreiche Verfassungsrevision wie auch die Reform des politischen Systems Italiens im Sinne des „neuen Geistes" gelegt werden. Das Aussprechen von Ungeheuerlichkeiten und das Verlassen des demokratischen Diskurses mit anschließendem partiellen Zurückrudern oder Beschönigen – man denke an die diversen Verbalinjurien Berlusconis oder Bossis – hat in Italien unter der amtierenden Mitte-Rechts-Regierung ebenfalls Einzug gehalten. So bricht man Tabus und verschiebt langfristig die Grenzen dessen, was politisch-gesellschaftlich akzeptabel ist und gedacht wird. In den Kontext der „ideologischen Wende" gehört aber auch ein sehr rigides neues Einwanderungsgesetz[128] und eine Bildungspolitik, welche sich ebenfalls den Geschichtsrevisionismus auf die Fahnen geschrieben hat. Zwischendurch sollte gar die Evolutionslehre Darwins zugunsten der biblischen Schöpfungsgeschichte von den Lehrplänen gestrichen werden, was nur auf massiven Protest

---

[127] Im März 2004 wurde in Italien auf Initiative der Regierungskoalition ein nationaler Feier- bzw. Gedächtnistag zur Erinnerung an die *fóibe*, also das von der italienischen Bevölkerung in Istrien, Dalmatien und Julisch-Venetien im und nach dem Zweiten Weltkrieg erlittene Unrecht, eingeführt. Er wird nun offiziell am 10. Februar jeden Jahres begangen. Problematisch ist nicht der Gedenktag als solcher, sondern die Tatsache, daß diese Verbrechen zumeist mit den Verbrechen des Faschismus auf eine Ebene gestellt und letztere so relativiert werden.

[128] Das sogenannte „Gesetz Bossi-Fini", Gesetz No. 189/2002 vom 30. Juli 2002: *„Modifica alla normativa in materia di immigrazione e di asilo"*; veröffentlicht in: *Gazzetta Ufficiale della Repubblica Italiana* vom 26. August 2002.

der italienischen Intelligenzija hin zurückgenommen wurde. Die italienischen Universitäten, bislang Hort des kritischen (nach Berlusconis Meinung „linken" oder eben „kommunistischen") Denkens, werden von der regierenden Mitte-Rechts-Koalition in Rom mit harten finanziellen Einschnitten belegt.

Autoritäre Vorstellungen und Überlegenheits-Ideologie, fortdauernde Verdrehungen und Verzerrungen der italienischen Rechtsordnung, Versuche einer Aufhebung der Gewaltenteilung und eine Politik der Ausgrenzung – stets unter Berufung auf die vermeintliche Legitimation durch das Volk infolge der Wahlergebnisse 2001 –, all das sind, im Zusammenspiel mit der weitgehenden Kontrolle des audiovisuellen Marktes in Italien durch Berlusconi (über 90%)[129], Anzeichen für eine schleichende Revolution von Rechts und Aushöhlung der Demokratie und der demokratischen Werte in Italien.[130] Bereits 1994, während der neun Monate währenden Regierung Berlusconi I, waren entsprechende Tendenzen sichtbar geworden.[131] Berlusconi hat Italien weiter polarisiert, denn während der gesellschaftliche Protest gegen ihn inzwischen größer und vor allem schärfer geworden ist, gibt es unverändert eine große Zahl unermüdlicher Anhänger des *Cavalliere* („Ritter der Arbeit"), auch wenn Umfragen seit geraumer Zeit einen Sinkflug von *Forza Italia* in der Wählergunst anzeigen, mit Einbußen um etwa 10% im Vergleich zu den Parlamentswahlen 2001.

Zu den „italienischen Verhältnissen 2004" gehört auch das Auseinanderfallen in „zwei Italien": das medial-virtuelle und das reale Italien. Denn trotz massiver ökonomischer und sozialer Probleme verkauft Berlusconi seine Regierungspolitik als großen Erfolg (28 Mio. Italiener bezahlten nach Aussagen der

---

[129] Eine Studie des *Osservatorio di Pavia* vom Februar 2004 hat gezeigt, daß Berlusconi tatsächlich allein in der staatlichen RAI häufiger zu sehen war als die gesamte parlamentarische Opposition zusammen. Während es das Regierungsbündnis *Casa delle libertà* auf 68% der Sendezeit brachte, erhielt die Opposition lediglich 32%; vgl. *Corriere della Sera* vom 10. März 2004. Auf diese Weise gelingt es der Regierung u.a., der Opposition im Wahlkampf bestimmte politische Themen aufzuzwingen. Unter anderem aufgrund der inzwischen im staatlichen Fernsehen der RAI in den Nachrichten praktizierten Montage-Technik, bei der die Regierung stets das letzte Wort hat, sprach Umberto Eco bereits offen von einem „Medien-Regime" (*La Repubblica* vom 09. Januar 2004).

[130] Vgl. Alexander Grasse/Massimiliano Tomba: Wie Berlusconi zu scherzen beliebt. Die Mitte-rechts-Regierung in Rom verändert gezielt die Republik, in: *Frankfurter Rundschau* (Dokumentation) vom 11. Juli 2003, S. 7.

[131] Vgl. Rolf Uesseler: Populismo e Fascismo. Italien auf dem Weg in den autoritären Staat?, in: *Blätter für deutsche und internationale Politik*, No. 5/1994, S. 550-555.

Regierung weniger Steuern und es seien 1,33 Mio neue Arbeitsplätze geschaffen worden), während zur selben Zeit in der italienischen Bevölkerung die soziale Unsicherheit und Unzufriedenheit angesichts einer der höchsten Teuerungsraten in Europa bei gleichzeitig sinkenden Einkommen wächst. Ausdruck dessen war u.a. der Generalstreik am 26. März 2004, der zweite innerhalb eines halben Jahres, mit Demonstrationen in über 60 Städten gegen die Wirtschafts- und Sozialpolitik der Regierung Berlusconi, zu der sämtliche Gewerkschaftsbünde, Rechts wie Links, aufgerufen hatten. Zur „virtuellen Politik" gehört auch, daß Berlusconi am 04. März 2004 beim Staatsbesuch des britischen Premierministers Tony Blair in Rom verkündete, das italienische Parlament habe tags zuvor die Verlängerung des Mandats für die italienischen Truppen im Irak beschlossen, obwohl die Abstimmung in Wirklichkeit erst eine Woche später stattfand. Trotz breiter Mehrheit im Parlament dokumentiert auch dies ein fehlendes Demokratieverständnis.

6 Quo vadis, Italia – zweite oder dritte Republik?

Die Frage, in welchem Stadium sich das politische System Italiens derzeit befindet, läßt sich im Moment nur vorläufig beantworten. Zweifellos waren die 1990er Jahre für Italien ein Jahrzehnt des Umbruches. Einiges hat sich bewegt. Von einer „zweiten Republik" zu sprechen, setzt nach politikwissenschaftlichem und verfassungsrechtlichem Verständnis eine signifikante Verfassungsreform und/oder Staatsreform voraus. Diese steht Italien jedoch erst noch bevor, denn bislang wurde die Verfassung im wesentlichen nur im Titel V verändert. Andererseits hat das italienische Parteiensystem seit 1992 eine fundamentale Wandlung erfahren und die „blockierte Demokratie" der ersten Republik tatsächlich ihr Ende gefunden. Die Mitte-Links-Regierungen von 1996-2001 haben gezeigt, daß der Wechsel, also die politische Alternanz, inzwischen auch in Italien möglich geworden ist und das Land insofern eine gewisse Normalisierung innerhalb der westlichen Demokratien erfahren hat. Hierbei spielten die durchgesetzten Wahlrechtsreformen eine zentrale Rolle. Genau auf diese Umstände, nämlich die Reform des Wahlrechts, den Untergang des alten Parteiensystems und eine angesichts signifikanter gesellschaftlicher Veränderungen eingetretene neue Volatilität der Wähler bezieht sich meist der Begriff von der zweiten Republik, wenn er in der öffentlichen Debatte Verwendung findet. Hinzu kommen die eingetretenen politischen und sozialen Veränderungen auf subnationaler Ebene im Sinne des aufgezeigten grundlegenden Wandels im Verhältnis von Politik und Raum in Italien. Insofern hat der Begriff eine gewisse Berechtigung – aber eben nur in beschreibendem Sinne, nämlich um die Zäsur der Jahre 1992/93 kenntlich zu machen. Denn gerade das Phänomen Berlusconi, das ebenfalls nach einer begrifflichen Definition ruft, wie die bereits 1994 entbrannte „Telekratie-Debatte" eindrucksvoll zeigt[132], dokumentiert doch, wie wenig gefestigt die neue italienische Demokratie ist und in welch fundamentalem Transformationsprozeß sie sich noch immer befindet. Wo alte Anomalien gewichen sind, sind unmittelbar neue aufgetaucht. Der „Faktor B(erlusconi)" ist nur das sichtbarste Zeichen des-

---

[132] Vgl. Paul Virilio: Die Telekratie bedroht die Demokratie, in: Karl D. Bredthauer: Keine Angst, sagen die Sieger. Italienische Nachwahldebatten, in: *Blätter für deutsche und internationale Politik*, No. 5/1994, S. 559 (deutsche Übersetzung des Interviews aus *Libération* vom 30. März 1994).

sen. Die italienische Demokratie ist zwar nicht länger eine „blockierte", aber doch noch immer eine „unvollendete". Nicht nur die Politik Italiens, auch die italienische Gesellschaft zeigt sich in vielerlei Hinsicht tief gespalten. Aufgrund der Länge des Transformationsprozesses, der nun schon mehr als ein Jahrzehnt andauert, könnte es gleichwohl sein, daß diese Übergangsphase schließlich doch als „zweite Republik" in die Geschichtsbücher eingehen wird, sollte in den nächsten Jahren in Italien tatsächlich ein grundlegend neuer Verfassungsrahmen entstehen und die Staatsreform zum Föderalismus wirklich vollendet werden. Dies wiederum könnte dann sogar Anlaß zur Rede von der „dritten Republik" geben. Mit dem *Berlusconismo* ist man vielleicht gar bereits auf dem Weg dorthin, wenn auch mit anderen Vorzeichen. Denn auch eine „Mediendemokratie" à la Berlusconi mit autoritären Zügen ist ein nicht auszuschließendes Szenario für ein mögliches Ende des Transitionsprozesses und den Beginn einer solchen „dritten Republik". Aber angesichts der zunehmenden Zerstrittenheit der Mitte-Rechts-Koalition, angesichts des wachsenden Widerstandes in der Gesellschaft und einer erstarkenden Bürgerbewegung sowie unberechenbarer Dynamiken ist es mitnichten ein zwangsläufiges. Sicher ist aber eines: Italien befindet sich mit den momentan geplanten Staats- und Verfassungsreformen am Scheideweg zwischen wirklicher Modernisierung seiner Demokratie einerseits und ihrer dauerhaften Gefährdung andererseits. Noch ist die Richtung offen...

Glossar: Parteien und Wahlbündnisse

Das Mitte-Rechts-Bündnis *Casa delle libertà* (Haus der Freiheiten):

AN

Alleanza Nazionale (Nationale Allianz); hervorgegangen aus dem neofaschistischen *Movimento Sociale Italiano-Destra Nazionale/* MSI-DN (Italienische Sozialbewegung-Nationale Rechte)

FI

Forza Italia (Vorwärts Italien)

Lega Nord

rechtspopulistische Regionalpartei Norditaliens

UDC

Unione Democristiana e di Centro (Christdemokratische und Zentrumsunion); rechtskonservativ-katholisch, hervorgegangen aus *Centro Cristiano Democratico/*CCD (Christlich-demokratisches Zentrum) und *Cristiani Democratici Uniti/*CDU (Vereinigte Demokratische Christen), beide wiederum Überbleibsel der alten DC

PRI

Partito Repubblicano Italiano (Republikanische Partei Italiens)

Nuovo PSI

Neugründung des *Partito Socialista Italiano* (Neue Sozialistische Partei Italiens)

Das Mitte-Links-Bündnis *Ulivo* (Olivenbaum):

DS

Democratici di Sinistra (Linksdemokraten); bis 1998 als *Partito Democratico della Sinistra/*PDS (Partei der Demokratischen Linken); hervorgegangen aus der Kommunistischen Partei (PCI)

Margherita

„Margerite"; 2001 hervorgegangen aus dem *Partito Popolare Italiano/*PPI (Italienische Volkspartei), *Rinnovamento Italiano* (Italienische Erneuerung) und *I Democratici* (Die Demokraten) sowie Teilen der *Unione Democratica per l'Europa/*UdEUR (Demokratische Union für Europa); reformistische Mitte-Links-Partei aus laizistischen und linkskatholischen Kräften, zum Teil aus der *Democrazia Cristiana/*DC

Verdi

Die Grünen

PdCI	*Partito dei Comunisti Italiani* (Partei der italienischen Kommunisten); 1998 als Abspaltung des *Partito Rifondazione Comunista* (PRC) entstanden, politisch etwa in der Mitte zwischen DS und PRC stehend
SDI	*Socialisti Democratici Italiani* (Demokratische Sozialisten Italiens)
MRE	*Movimento Repubblicani Europei*; republikanische Splittergruppe um die Politikerin Luciana Sbarbati
SVP	Südtiroler Volkspartei; Partei der deutschsprachigen Minderheit
Società Civile Di Pietro-Occhetto per il nuovo Ulivo/ Italia dei Valori	„Zivilgesellschaft Di Pietro-Occhetto für das neue Bündnis des Olivenbaums/Italien der Werte"; Bündnis des ehemaligen Staatsanwaltes Antonio Di Pietro, Ikone der Kampagne „saubere Hände", und des Ex-Vorsitzenden der Kommunistischen Partei Italiens, Achille Occhetto

Weitere Parteien:

PRC	*Partito Rifondazione Comunista* (Partei der kommunistischen Wiedergründung); Nachfolgerin der kommunistischen Partei Italiens (PCI); stützt fallbezogen das Mitte-Links-Bündnis *Ulivo*
PR	*Partito Radicale* (Radikale Partei)
MSI- Fiamma Tricolore	*Movimento Sociale Italiano* (Italienische Sozialbewegung-Flamme in den Nationalfarben); extreme Rechte, Nachfolger der neofaschistischen MSI-DN bzw. des PNF (*Partito Nazionale Fascista*)

Literatur

AA.VV.: L'Italia flessibile. Economia, costi sociali, diritti di cittadinanza, Roma 2003.

Ammon, Günther/Stemmermann, Klaus: Italien – Vom Kampf der Gesellschaft und Wirtschaft gegen den Staat, München 2001.

Anello, Walter/Caprio, Giovanni: I difficili rapporti tra centro e periferia. Conferenza Stato-Regioni, Conferenza Stato-Città-autonomie locali e Conferenza unificata, in: *Le Istituzioni del Federalismo. Regione e Governo Locale*, Jg. XIX, No. 1/1998, S. 47-61.

Associazione Reforme (Hg.): Federalismo 2004. Aspetti quantitativi e confronto con le esperienze europee, Milano 2004.

Bagnasco, Arnaldo: Tre Italie: La problematica territoriale dello sviluppo italiano, Bologna 1977.

Bagnasco, Arnaldo: L'Italia in tempi di cambiamento politico, Bologna 1996.

Bagnasco, Arnaldo: Società fuori squadra. Come cambia l'organizzazione sociale, Bologna 2003.

Barlucchi, Chiara M./Dreier, Volker: Der Schlaf der Politik gebiert Ungeheuer. Zu den Sezessionsbestrebungen der Lega Nord, ihren Ursachen und möglichen Erfolgsaussichten, in: *Zeitschrift für Politikwissenschaft*, Jg. 8, No. 2/1998, S. 569-596.

Bartolini, Stefano/Chiaramonte, Alessandro/D'Alimonte, Roberto: The Italian Party System between Parties and Coalitions, in: *West European Politics*, Jg. 27, No. 1/2004, S. 1-19.

Basile, Roberto/Mantuano, Marianna: Politiche di sviluppo regionale in Italia: obiettivi, strumenti e risultati, in: *Argomenti. Rivista di Economia, Cultura e Ricerca Sociale*, No. 5/2002, S. 73-98.

Bassanini, Franco: Riforma costituzionale: un bilancio fallimentare, in: *L'Unità* vom 26. März 2004.

Bassolino, Antonio: La repubblica delle città, Roma 1996.

Bifulco, Raffaele: Le Regioni. La via italiana al federalismo, Bologna 2004.

Bin, Roberto: Lorenzago: scoutismo o furbismo?, 10. September 2003, http://www.astrid-online.it/Dossier--r/I-primi-co/Bin-R_Lorenzago.pdf.

Bobbio, Norberto: Tra due repubbliche. Alle origini della democrazia italiana, Roma 1996.

Böhme-Kuby, Susanne: Der aufhaltsame Wiederaufstieg des Silvio Berlusconi, in: *Blätter für deutsche und internationale Politik*, No. 5/2001, S. 574-580.

Bordon, Frida: Lega Nord im politischen System Italiens. Produkt und Profiteur der Krise, Wiesbaden 1997.

Bottari, Carlo (Hg.): La riforma del Titolo V, parte II della Costituzione, Bologna 2003.

Brancati, Raffaele (Hg.): Le politiche industriali nelle Regioni, Roma 2001.

Brancati, Raffaele (Hg.): Le politiche per le attività produttive. Le regioni e i nuovi strumenti, Roma 2002.

Braun, Michael: Italiens politische Zukunft, Frankfurt am Main 1994.

Bull, Martin/Rhodes, Martin (Hg.): Crisis and Transition in Italian Politics, *West European Politics*, Special Issue, Vol. 20, No. 1/1997 (Januar).

Caia, Giuseppe: Il problema del limite dell'interesse nazionale nel nuovo ordinamento, in: Bottari, Carlo (Hg.): La riforma del Titolo V, parte II della Costituzione, Bologna 2003, S. 135-153.

Cammelli, Marco: I raccordi tra i livelli istituzionali, in: *Le Istituzioni del Federalismo, Regione e Governo Locale*, Jg. XXII, No. 6/2001, S. 1079-1102.

Cammelli, Marco: Le riforme costituzionali, un „mito" necessario, in: *Il Mulino*, Jg. 53, No. 1/2004, S. 30-38.

Capretti, Anna: Öffnung der Machtstrukturen durch Referenden in Italien. Eine pluralismustheoretische Analyse, Frankfurt am Main et al. 2001.

Cavazza, Stefano: Identità e culture regionali nella storia d'Italia, in: *Memoria e Ricerca*, Rivista di storia contemporanea, No. 6/1995, S. 51-71.

Ceccanti, Stefano: La riforma costituzionale in Aula: Senato inaccettabile, superPremier inesistente, 19. Januar 2004, http://www.astrid-online.it/Dossier--r/I-primi-co/Ceccanti-S_La-riforma-costituzionale.pdf.

Corriere della Sera: verschiedene Jahrgänge, verschiedene Ausgaben.

Deidda, Dolores (Hg.): Nord est e mezzogiorno. Tra nuove relazioni e vecchi stereotipi, Roma 2002.

De Grazia, Davide: L'autonomia finanziaria degli enti territoriali nel nuovo Titolo V della Costituzione, in: *Le Istituzioni del Federalismo. Regione e Governo Locale*, Jg. XXII, No. 2/2002, S. 267-304.

De Martin, Gian Candido: Conati di riforma della riforma (costituzionale) tra ambiguità e neocentralismi, in: *Le Istituzioni del Federalismo. Regione e Governo Locale*, Jg. 24, No. 5/2003, S. 667-676.

Diamanti, Ilvo: Il male del Nord. Lega, localismo, secessione, Roma 1996.

Diamanti, Ilvo: Bianco, rosso, verde ... e azzurro. Mappe e colori dell'Italia politica, Bologna 2003.

Diamanti, Ilvo/Marini, Daniele (Hg.): Nord Est 2001. Rapporto sulla società e l'economia, Venezia 2001.

Di Cosimo, Giovanni: Dalla Conferenza Stato-Regioni alla Conferenza unificata (passando per la Stato-Città), in: *Le Istituzioni del Federalismo. Regione e Governo Locale*, Jg. XIX, No. 1/1998, S. 11-26.

Drüke, Helmut: Italien. Wirtschaft – Gesellschaft – Politik, Opladen 2000.

Eco, Umberto: Le regole del potere nel regime mediatico, in: *La Repubblica* vom 09. Januar 2004.

Elia, Leopoldo: Osservazioni sul disegno di legge costituzionale n. 2544, http://www.astrid-online.it/Dossier--r/I-primi-co/ELIA-Osservazioni-AS-2544.pdf (ohne Datum).

Fabbrini, Sergio/Gilbert, Mark: When Cartels Fail: The Role of the Political Class in the Italian Democratic Transition, in: *Government and Opposition*, Jg. 35, No. 1/2000, S. 27-48.

Fabbrini, Sergio (Hg.): L'europeizzazione dell'Italia. L'impatto dell'Unione Europea sulle istituzioni e le politiche italiane, Roma/Bari 2003.

Ferraris, Luigi Vittorio/Trautmann, Günter/Ullrich, Hartmut (Hg.): Italien auf dem Weg zur „Zweiten Republik"?, Frankfurt am Main/Bern 1995.

Fix, Elisabeth: Italiens Parteiensystem im Wandel: von der ersten zur zweiten Republik, Frankfurt/Main 1999.

Frosoni, Tommaso Edoardo: Luci ed ombre del progetto governativo di riforma costituzionale, in: *federlismi.it. Osservatorio sul Federalismo e i processi di governo, Rivista telematica*, www.federalismi.it; 23. Oktober 2003.

Gangemi, Giuseppe: Meridione – Nordest – Federalismo. Da Salvemini alla Lega Nord, Messina 1996.

Gangemi, Giuseppe: Grande Padania piccola cultura. Il Nord Est nella nuova Europa, Roma 1999.

Gazzetta Ufficiale della Repubblica Italiana, verschiedene Jahrgänge, verschiedene Ausgaben.

Gelli, Francesca: Planning Systems in Italy within the Context of New Processes of ‚Regionalization‘, in: *International Planning Studies*, Vol. 6, No. 2/2001, S. 183-197.

Gelli, Francesca: I malintesi della costruzione di un „modello Illy" e della sua riproducibilità, in: *Foedus: Culture, Economie e Territori*, No. 7/2003, S. 87-103.

Gerdes, Dirk: Aufstand der Provinz. Regionalismus in Westeuropa, Frankfurt am Main/New York 1980.

Giordano, Benito: Italian regionalism or ‚Padanian‘ nationalism – the political project of the Lega Nord in Italian politics, in: *Political Geography*, Vol. 19, No. 4/2000, S. 445-471.

Gohr, Antonia: Die Lega Nord – Eine Herausforderung für Italien. Zwischen Föderalismus und Separatismus, Frankfurt am Main et al. 2001.

Grasse, Alexander: Shifting balances: Die „Regionale Frage" in Italien, in: Klotz, Johannes/Zielinski, Heinz (Hg.): Europa 2000. Lokale Demokratie im Europa der Regionen, Heilbronn 1999, S. 35-56.

Grasse, Alexander: Italiens langer Weg in den Regionalstaat. Die Entstehung einer Staatsform im Spannungsfeld von Zentralismus und Föderalismus, Opladen 2000.

Grasse, Alexander: The Myth of Regionalisation in Europe – Rhetoric and Reality of an Ambivalent Concept, in: *Journal of European Area Studies*, Vol. 9, No. 1/2001, S. 79-92.

Grasse, Alexander: Die „dritte Ebene" im Transformationsprozeß – regionale „Außenkompetenz" und Föderalisierung in Italien, in: Gu, Xuewu (Hg.): Grenzüberschreitende Zusammenarbeit zwischen den Regionen in Europa, Baden-Baden 2002, S. 143-197.

Grasse, Alexander: Italien – Ein Bundesstaat in der Entstehung oder: Föderalisierung als Modernisierungspolitik, in: Piazolo, Michael/Weber, Jürgen (Hg.): Föderalismus – Leitbild für die Europäische Union?, München 2004, S. 200-249.

Grasse, Alexander: Identità regionali in Europa: quale rilevanza ai fini della modernizzazione? Formazione, elementi costitutivi ed efficacia di un „costrutto effimero", in: *Teoria Politica*, No. 1/2004.

Grasse, Alexander/Tomba, Massimiliano: Wie Berlusconi zu scherzen beliebt. Die Mitte-rechts-Regierung in Rom verändert gezielt die Republik, in: *Frankfurter Rundschau* (Dokumentation) vom 11. Juli 2003, S. 7.

Hausmann, Friederike: Italien: Der ganz normale Sonderfall, in: Susanne Schüssler (Hg.): Berlusconis Italien – Italien gegen Berlusconi, Berlin 2003, S. 8-33.

Keating, Michael/Loughlin, John/Deschouwer, Chris: Culture, Institutions and Economic Development, Cheltenham/Northampton 2003.

Knapp, Lothar/Tömmel, Ingeborg (Hg.): Italien an der Wende zum 21. Jahrhundert. Politik – Wirtschaft – Kultur, Osnabrück 2001.

Köppl, Stefan: Vergebliches Bemühen um Veränderung: Gescheiterte Anläufe zur Reform der italienischen Verfassung, in: *Zeitschrift für Parlamentsfragen*, Jg. 34, No. 2/2003, S. 310-329.

Köppl, Stefan: Transition ohne Reform? Gescheiterte Anläufe zur Verfassungsreform 1983-1998 im Vergleich, Stuttgart 2003.

Lago, Giorgio: Nordest chiama Italia. Cosa vuole l'area del benessere e della protesta, Intervista di Gianni Montagni, Vicenza 1996.

Loiero, Agazio: Il patto di ferro. Berlusconi, Bossi e la devolution contro il Sud con i voti del Sud, Roma 2003.

Losano, Mario G.: Sonne in der Tasche. Italienische Politik seit 1992, München 1995.

Manzella, Andrea: La Repubblica spezzatino, in: *La Repubblica* vom 17. Januar 2004.

Messina, Patrizia: Regolazione politica dello sviluppo locale. Veneto ed Emilia Romagna a confronto, Torino 2001.

Onida Valerio: Il „mito" delle riforme costituzionali, in: *Il Mulino*, Jg. 53, No. 1/2004, S. 15-29.

Orlandini, Michael: Transformation der Demokratie in Italien?, Frankfurt am Main et al. 2001.

Pacini, Marcello (Hg.): Un federalismo dei valori. Percorso e conclusioni di un programma della Fondazione Giovanni Agnelli (1992-1996), Torino 1996.

Pajno, Alessandro/Torchia, Luisa: La riforma del governo. Commento ai decreti legislativi n. 300 e n. 303 del 1999 sulla riorganizzazione della presidenza del consiglio dei ministri, Bologna 2000.

Pasquino, Gianfranco: Ma l'ultima parola l'avranno gli elettori, in: *Il Mattino di Padova* vom 25. März 2004.

Petersen, Jens: Quo vadis, Italia? Ein Staat in der Krise, München 1995.

Pichierri, Angelo: La regolazione dei sistemi locali. Attori, strategie, strutture, Bologna 2002.

Pizzetti, Franco: Dalle riforme della Costituzione ad un sistema costituzionale condiviso. La difficile sfida italiana, in: *Le Istituzioni del Federalismo, Regione e Governo Locale*, Jg. XXII, No. 3-4/2001, S. 599-626.

Raith, Werner: Der Korruptionsschock. Demokratie zwischen Auflösung und Erneuerung: Das Beispiel Italien, Reinbek 1994.

Renner, Jens: Der Fall Berlusconi. Rechte Politik und Mediendiktatur, Göttingen 1994.

Rill, Bernd (Hg.): Italien im Aufbruch – eine Zwischenbilanz, München 2003.

Roques, Valeska von: Die Stunde der Leoparden, Wien/München 1994.

Rumiz, Paolo: La secessione leggera. Dove nasce la rabbia del profondo Nord, Milano 2001.

Scheu, René/Pillera, Massimo (Hg.): Über Berlusconi. Italienische Intellektuelle und Politiker im Gespräch, Wien 2003.

Schöpfer, Tina: Politische Show in Italien: Die Selbstdarsteller Umberto Bossi und Silvio Berlusconi. Eine vergleichende Analyse, Stuttgart 2002.

Schüssler, Susanne (Hg.): Berlusconis Italien – Italien gegen Berlusconi, Berlin 2003.

Soricelli, Gerardo: Politiche pubbliche e complessità sociali. Il fenomeno delle aree metropolitane tra riassetto dell'amministrazione locale e riforme costituzionali, in: *Le Istituzioni del Federalismo. Regione e Governo Locale*, Jg. XXIII, No. 5/2002, S. 843-876.

Trautmann, Günter: Italiens Finanz- und Wirtschaftspolitik im Hinblick auf die Europäische Währungsunion, in: *Aus Politik und Zeitgeschichte*, B 28/1998, S. 16-26.

Travaglio, Marco/Veltri, Elio: L'odore dei soldi. Origini e misteri delle fortune di Silvio Berlusconi, Roma 2001.

Tuccari, Francesco (Hg.): L'opposizione al Governo Berlusconi, Roma/Bari 2004.

Uesseler, Rolf: Populismo e Fascismo. Italien auf dem Weg in den autoritären Staat?, in: *Blätter für deutsche und internationale Politik*, No. 5/1994, S. 550-555.

Vandelli, Luciano: Sindaci e miti. Sisifo, Tantalo e Damocle nell'amministrazione locale, Bologna 1997.

Vandelli, Luciano: Il Governo locale, Bologna 2000.

Vandelli, Luciano: Devolution e altre storie. Paradossi, ambiguità e rischi di un progetto politico, Bologna 2002.

Vassallo, Salvatore: Regioni, ‚governatori' e federalismo. Come la leadership può cambiare la geografia, in: *Le Istituzioni del Federalismo, Regione e Governo Locale*, Jg. XXII, No. 3-4/2001, S. 643-674.

Virilio, Paul: Die Telekratie bedroht die Demokratie, in: Bredthauer, Karl D.: Keine Angst, sagen die Sieger. Italienische Nachwahldebatten, in: *Blätter für deutsche und internationale Politik*, No. 5/1994, S. 559 (deutsche Übersetzung des Interviews aus *Libération* vom 30. März 1994).

Waldmann, Marcus: Das Parteiensystem Italiens. Vom Untergang der Democrazia Cristiana zur zweiten Regierung Berlusconis, Berlin 2004.

Weber, Peter: Wege aus der Krise: Wahlreform und Referenden in Italien, in: *Aus Politik und Zeitgeschichte*, B 34/1994, S. 20-27.

Weber, Peter: Die neue Ära der italienischen Mehrheitsdemokratie: Fragliche Stabilität bei fortdauernder Parteienzersplitterung, in: *Zeitschrift für Parlamentsfragen*, No. 1/1997, S. 85-115.

Wolf, Andrea: Telekratie oder Tele Morgana? Politik und Fernsehen in Italien, Frankfurt/Main et al. 1997.

http://web.unife.it/progetti/forumcostituzionale
www.astrid-online.it
www.federalismi.it
www.lapp.it/rivista_foedus.htm
www.parlamento.it
www.regioni.it/fascicoli_conferen/Presidenti/2004/Marzo/04_03_04/DOCUMENTOSENATOFEDERALE.htm.
www.riforme.net/leggi/bozza_Amato.htm.

Tina Schöpfer

Politische Show in Italien:

Die Selbstdarsteller Umberto Bossi und Silvio Berlusconi

Eine vergleichende Analyse

ISBN 3-89821-191-6
164 S., € 29,90

Erhältlich in jeder Buchhandlung oder direkt bei

ibidem

Umberto Bossi, Parteiführer der Lega Nord, und Silvio Berlusconi, Parteiführer von Forza Italia, zählen zu den erfolgreichsten Politikern Italiens. Beide beherrschen die politische Inszenierung nach allen Regeln der Kunst. Während Umberto Bossi in erster Linie durch sein bewusst ungepflegtes Äußeres und seine rüde und sexistische Sprache auf sich aufmerksam macht, setzt Silvio Berlusconi, Medienmogul und Präsident des AC Mailand, gezielt die italienische Fußballbegeisterung für sein Kommunikationsmanagement ein.

Tina Schöpfer zeigt in ihrer politikwissenschaftlichen Analyse auf, in welche Rollen Umberto Bossi und Silvio Berlusconi schlüpfen, welche Themen sie besetzen, welche Sprache sie sprechen und welche Symbole sie benutzen, um sich medienwirksam darzustellen. Die Autorin vertritt die These, dass erfolgreiches Kommunikationsmanagement sich der politischen Kultur des jeweiligen Landes anpassen muss. Damit ist ihre Analyse nicht nur für das Verständnis der politischen Kommunikation in Italien von Interesse, sondern auch für die politische Kommunikationsforschung in anderen europäischen Ländern.

Die Autorin:

Tina Schöpfer, M.A., studierte Politikwissenschaft sowie Italienische und Französische Sprach- und Literaturwissenschaft an der Universität des Saarlandes und arbeitete als freie Journalistin und Dozentin für Italienisch. Sie verbrachte mehrere Forschungsaufenthalte in Italien und studierte u.a. an der Ausländeruniversität Perugia.

ibidem-Verlag • Melchiorstr. 15 • 70439 Stuttgart • Tel.: 0711/9807954 • Fax: 0711/8001889
ibidem@ibidem-verlag.de

***ibidem*-Verlag**

Melchiorstr. 15

D-70439 Stuttgart

info@ibidem-verlag.de

www.ibidem-verlag.de
www.edition-noema.de
www.autorenbetreuung.de